O VENTO DA MUDANÇA

Registro de diálogos espirituais

O VENTO DA MUDANÇA

Registro de diálogos espirituais

Transcrições originais canalizadas por
Julie Soskin

Tradução
OCTAVIO MENDES CAJADO

EDITORA PENSAMENTO
São Paulo

Título do original:
The Wind of Change

Edição	**Ano**
1-2-3-4-5-6-7-8-9	97-98-99-00

Direitos de tradução para a língua portuguesa
adquiridos com exclusividade pela
EDITORA PENSAMENTO LTDA.
Rua Dr. Mário Vicente, 374 – 04270-000 – São Paulo, SP – Fone: 272-1399
E-MAIL: pensamento@snet.com.br
http://www.pensamento-cultrix.com.br
que se reserva a propriedade literária desta tradução.

Impressão e acabamento: Paulus Gráfica

SUMÁRIO

AGRADECIMENTOS

Meus agradecimentos mais calorosos vão para Jenny Grant, cuja Luz é muito forte. Sem a colaboração dela, esta canalização não teria sido possível.

Meu reconhecimento vai também para Roy e Jean Simpson, que editaram fielmente o texto original, sem modificar-lhe a substância.

Para Jane e David Bowles, que acreditaram no conteúdo deste livro.

E para Rupert, meu marido, que fez a capa [do original em inglês] e também me ensinou o verdadeiro significado do amor.

Prefácio à Nova Edição

Quando comecei a fazer canalizações, em 1989, eu não tinha a menor intenção de transformar em livro as informações que estava recebendo. Quando *O Vento da Mudança* foi publicado, no ano seguinte, eu não acreditava que ele teria uma segunda edição. A resposta do público a este livro e à sua continuação, *The Cosmic Dance,* foi nada menos que fenomenal. Eu gostaria de agradecer, a cada uma das pessoas que me escreveram, suas palavras bondosas e seus pensamentos positivos.

Muitas histórias cercam a publicação desses livros, as quais, para mim, encerram um toque de magia. No mesmíssimo dia em que o manuscrito de *The Cosmic Dance* foi enviado para a editora, recebi um folheto que continha trechos da canalização de outra pessoa. Fiquei pasmada quando notei a extrema semelhança desses trechos com algumas partes de *The Cosmic Dance*. Em certos lugares até as mesmas frases tinham sido usadas! Quando cheguei à última página, fiquei ainda mais espantada ao descobrir que a pessoa que canalizara aquelas informações morava nos Estados Unidos! Isso serviu não só para confirmar a verdade contida nas minhas canalizações, mas também para que eu me desse conta de que as mensagens que recebi estavam sendo transmitidas num nível global.

Seis meses após a publicação de *O Vento da Mudança*, recebi um telefonema de uma médium que vive em Manchester. Ela me contou que, em 1985, começara a receber informações a respeito das mudanças vindouras. Os comunicadores espirituais dela lhe haviam recomendado que ficasse de sobreaviso, à espera de um livro que não tardaria a ser publicado, e que descreveria essas mudanças. Eles lhe haviam dito até o nome do livro — *O Vento da Mudança*! Aparentemente, ela deixara seus familiares quase loucos à procura desse livro, e só o encontrara ao ler uma resenha publicada no *Psychic News*. E não teve a menor dúvida de que esse era o livro de que lhe haviam falado. A história é realmente espantosa porque, em 1985, eu não tinha sequer começado a fazer canalizações. *O Vento da Mudança* foi iniciado em janeiro de 1990. De mais a mais, foram as tempestades de fevereiro, que rugiam durante as sessões de canalização, e se ouviam tão fortes nas gravações, que me forneceram a inspiração para dar ao livro o nome de *O Vento da Mudança*. Como diz meu marido, "Você tem de tirar o chapéu para os organizadores".

Num nível pessoal, agora estou totalmente empenhada em integrar minha alma em todos os níveis. Algumas experiências por que tenho passado, durante o processo da minha liberação, foram extremamente desagradáveis. Não sou tão tola que acredite haver terminado o meu crescimento, pois esse é, se bem o compreendo, um processo que nunca acaba. Acredito, porém, haver-me livrado do meu medo num nível emocional e, ao fazê-lo, encontrei uma tranqüilidade pela qual sou muito grata. Não é necessário dizer que a natureza do meu trabalho mudou. Mas sempre me empenho, ao ser solicitada, em ajudar a abrir as portas para outras pessoas.

Uma das muitas cartas que recebi me foi enviada por *sir* George Trevelyan, com quem nunca havia me encontrado ou falado antes. Ele me incentivou muito, e teve a bondade de escrever o prefácio de *The Cosmic Dance*. Sou grata a *sir* George pelo seu apoio, e a todos aqueles que sabem que agora transpusemos de fato as barreiras.

Depois que *O Vento da Mudança* foi publicado pela primeira vez, muitas coisas novas me foram reveladas, e sei de fato que nossas aspirações, tão longamente acalentadas, nos níveis mais elevados do entendimento, estão sendo agora, finalmente, realizadas. Desejo a todos vocês uma grande alegria.

JULIE SOSKIN

Introdução

Dei-me conta, pela primeira vez, das minhas capacidades mediúnicas aos quatro anos de idade, quando compreendi que eu percebia coisas que os outros não percebiam. Adolescente, desenvolvi a desconcertante capacidade de ler a mente das outras pessoas tão claramente quanto um telex. Claro está que uma particularidade dessa natureza não me faria mais querida dos outros. Percebi instintivamente que não poderia conversar sobre o assunto com meus familiares ou amigos, e muito embora tenha sido feliz durante a maior parte da infância e da adolescência, sentia-me diferente dos outros.

Em 1974, fascinada pelo Tarô e meditando sobre os Arcanos Maiores, concluí que eles poderiam ser um meio de me ajudar a compreender a mim mesma. Em pouco tempo, minhas amigas me pediam que eu lesse o Tarô para elas. Como eu não tivesse feito nenhum curso sobre o assunto, decidi ingressar num grupo de desenvolvimento dirigido por uma senhora da igreja espiritualista da região onde eu morava. Mais tarde fui estudar no College of Psychic Studies de Londres e, finalmente, passei a figurar entre os médiuns desse estabelecimento.

Não demorou muito para que eu passasse a dirigir meus próprios grupos de estudo e de cura. Sempre vi as curas espirituais como uma atividade essencial ao trabalho de clarividência. Meu trabalho me proporciona imensa felicidade e satisfação.

Mesmo trabalhando com "guias" no sentido tradicional, nunca os vi como personalidades distintas — senão como níveis diferentes de energia que, graças ao meu treinamento disciplinado, me era possível captar e utilizar.

Num dia do ano passado eu estava consultando preguiçosamente as cartas do Tarô para mim mesma — coisa que raramente faço —, quando me espantei ao ver que havia tirado a carta da Torre na primeira posição. Tornei a colocá-las — e tirei a mesma carta! Achei aquilo muito esquisito e pus o baralho de lado num gesto de negação. Quatro dias depois, a curiosidade me levou a tentar de novo. A Torre reapareceu. Repeti tudo mais uma vez, embaralhando, primeiro, cuidadosamente as cartas, e ela apareceu pela quarta vez consecutiva. Desta feita não pude negá-la.

A Torre é, tradicionalmente, a carta da destruição, da revolução e da revelação, o que sugere grandes e importantes mudanças na vida. Compreendi mais tarde que a ruptura e a iluminação eram mais uma referência à minha vida interior que à minha vida exterior! Percebi uma mudança nas minhas energias psíquicas. Eu já não me sentia como se estivesse simplesmente ligada aos meus guias espirituais, mas ligada ao que só posso descrever como uma "força de Luz".

Nessa época, eram tantas mensagens e previsões diferentes de trevas, de morte, de desastres ecológicos e da batalha final entre as forças do bem e do mal que me chegavam de todas as partes que eu sentia a necessidade de encontrar a minha própria verdade.

Minha amiga e colega Jenny Grant ofereceu-se para ajudar-me, e nós reservamos uma sessão todas as semanas para descobrir o nível mais elevado da verdade. Estávamos trabalhando havia duas semanas quando caiu o Muro de Berlim. As pessoas se mobilizavam e percebia-se uma sensação bem definida de urgência e de aceleração em todos os níveis.

Eu canalizava as informações e Jenny fazia as perguntas e anotava as respostas. No correr da primeira sessão, ela indagou de quem ou de onde procediam as informações. "Uma síntese das energias da consciência superior — do 'Pensamento Original'" — foi a resposta. À medida que o tempo passava, disseram-nos que seria ditado um livro que falaria à humanidade sobre o importante período de transição que o mundo estava enfrentando.

Em fevereiro de 1990 estávamos no meio do ditado quando chegaram as terríveis tempestades, e na gravação ficou registrado o barulho dos ventos com a força de um furacão, que ameaçavam destelhar a nossa casa. *O Vento da Mudança* era o título óbvio para o livro.

Durante as sessões, tive a sensação de uma grande energia que me invadia o corpo e, com os olhos da mente, vi a espada do poder e da verdade e o orbe da sabedoria. Às vezes, o meu corpo formigava, como se estivesse sob a ação de uma corrente elétrica. Foram necessárias dez sessões para completar o livro. É interessante notar que não encontramos obstáculos para a sua publicação. Esse processo correu com uma facilidade e com uma rapidez tremendas, sem que fosse preciso nenhum esforço da minha parte.

Trabalho agora, cada vez mais, num "nível anímico", que ajuda as pessoas a despertar seu próprio ser espiritual, do qual, segundo tenho verificado, um número cada vez maior de pessoas está se dando conta. Não me sinto especial de maneira alguma. Como diz o livro, "Todos conduzirão, e todos servirão", mas sinto que posso abrir portas para os outros, e espero que este livro os faça pensar mais profundamente a respeito de si mesmos e da parte que lhes cabe desempenhar no Universo.

Toda pessoa é importante, toda pessoa interessa. Estamos todos enfrentando mudanças profundas, interiores e exteriores, e acredito que o objetivo fundamental dessas mudanças é convencer a humanidade finalmente de que somos, na essência, criaturas divinas — espíritos encerrados na matéria —, e que todos podemos aspirar à consciência de Cristo, o nível da mais elevada compreensão.

JULIE SOSKIN
Teddington, junho de 1990.

• 1 •

Transição

O mundo foi criado por um pensamento; o Universo foi criado por um pensamento. Sempre existiu o Pensamento Original, a energia que vocês podem chamar de Deus, mas que não é como vocês supõem que seja Deus. Vocês podem chamá-la de Consciência, mas ela não é como vocês imaginam que seja a consciência. Em termos mais simples, é um pensamento. O pensamento é feito de partículas e o pensamento criou o Universo pela explosão dessas partículas ou de algumas das partículas que emergiram do todo. Quando isso aconteceu, as partículas foram liberadas e, em seguida, deixadas de lado para que passassem por muitas experiências diferentes em galáxias, mundos e níveis diversos. Mas o pensamento, o todo, ainda estava ali, porque a expulsão das partículas não diminuiu o pensamento propriamente dito. É a esse pensamento puro, a essa consciência pura, ao Deus puro que vocês estão ligados.

Este mundo, o mundo de vocês é Luz. Começou na Luz, sua essência é Luz e, a seu tempo, a Luz emergirá triunfante. Não queremos dizer que esta será uma luta entre o bem e o mal e, ao transmitir-lhes todas essas informações, tentaremos lançar por terra essas idéias preconcebidas.

O mundo de vocês e os outros mundos foram criados pelo pensamento. Era a Luz e a Luz brilhava em toda a parte. Ao longo do tempo (o tempo não é um meio preciso de descrever tudo isso, mas usamos essa palavra para que vocês possam compreender), o pensamento e a Luz, gradativamente, evoluíram e transformaram-se em matéria. Como sabem, o mundo começou como um planeta vivo, que já respirava muito antes de surgir nele a vida animal e humana. Ele ainda é uma Luz viva, que respira.

O homem evoluiu no mundo de muitas maneiras, com forças maiores do que as que se podem encontrar em outros "mundos", porque desenvolveu, em vários graus, aspectos diferentes do ser de vocês. Desenvolveu a força física. Também desenvolveu a capacidade mental, o intelecto, que criou o enfoque científico. Desenvolveu-se emocional e espiritualmente. Vocês são únicos porque, em outros lugares, a vida evoluiu de outra maneira, em apenas um ou dois aspectos do ser, ao passo que vocês se desenvolveram em diversos aspectos. Esses aspectos distintos da evolução não somente lhes deram forças mas também lhes criaram grandes dilemas, pois elas trabalharam amiúde umas contra as outras — o intelecto lutando com as emoções, as emoções lutando com o espírito, e tudo isso influindo sobre o físico. Vocês, todavia, evoluíram num grau que os trouxe à presente e importante transição.

Trata-se, e nós o sabemos, da transição que mais lhes interessa. Não há uma razão particular para isso. Independentemente de como vocês tivessem evoluído, uma transição se realizaria de qualquer maneira na Terra nesta ocasião, de modo que dizer que se trata de um julgamento de Deus ou que essa transição está ocorrendo porque vocês fizeram mal a este planeta não é verdade, muito embora essas coisas não tenham beneficiado a Terra. O globo terrestre chegou, simplesmente, ao fim de um ciclo de vida. Boa percentagem da população elevou seu nível de consciência, e esse número de pessoas satisfará as exigências da transição. No entanto, as mudanças que hão de vir (num nível físico e global — fazemos questão de frisar) ocorreriam de qualquer maneira, ainda que a Terra fosse privada de toda vida. É uma mudança completa de energias, não apenas neste planeta, mas de proporções universais e cósmicas. A ciência de vocês ainda está engatinhando, mas já se desenvolveu bastante para que os cientistas possam reconhecer claramente as mudanças que ocorrerão nos próximos meses e anos.

Transição semelhante já ocorreu neste planeta tempos atrás, numa ocasião em que as pessoas já habitavam a Terra, mas ela afetou menos gente porque o mundo não era tão densamente povoado. Não se deve imaginar que a transição é o "Juízo Final", ou o "Armagedon", ou ainda a "Mão e a Cólera de Deus". Esses termos não são adequados. (Precisamos dizer agora que algumas palavras não explicam plenamente tudo o que está acontecendo. Procuramos empregar as que serão compreendidas e estão mais próximas da verdade, mas alguns elementos da verdade estão acima da compreensão de vocês e acima da descrição verbal. Entretanto, nosso objetivo é ser tão acurados e precisos quanto possível.)

Fala-se num "vento de mudança". Eis aí um bom modo de descrever a transição — um vento universal que sopra. Há um fluir e um refluir de todas as energias. O Pensamento Original nunca é destruído, mas molda e forma outras energias, à medida que progride e se transforma. O vento da mudança está chegando e já está quase sobre a Terra. A energia universal está se convertendo em outra coisa. Voltamos a usar a analogia que vocês entendem bem: a da lagarta que se transforma em borboleta. Haverá destruição, e destruição não é novidade alguma para este planeta; haverá violência, e haverá os chamados desastres naturais. Muitas vidas desaparecerão da Terra, e a maioria delas não reencarnará.

Nem todas as almas iluminadas ou evoluídas completarão a transição. Haverá algumas, poucas, cujo trabalho aqui já foi feito, e elas acompanharão as almas que estão partindo, a fim de ajudá-las. Esse é o novo trabalho delas. Em conjunto, porém à conta da sensibilidade das almas que evoluíram, desenvolvendo a intuição e a capacidade mediúnica, elas saberão instintivamente onde estar e o que fazer, e assim sobreviverão.

É importante que não haja medo. O medo acarreta destruição e vocês já sabem disso. As almas evoluídas perderão o medo, ou seja, o principal elemento que precisa ser trabalhado nos próximos anos.

O medo precisa ser banido

Esse é o desenvolvimento mais necessário. As pessoas podem ajudar umas às outras, mas é dentro de si mesmas que terão de livrar-se completamente do medo e elevar-se à fase seguinte de desenvolvimento da raça humana. A oportunidade é para todos. Ninguém será excluído, mas o tempo está passando e as pessoas precisam andar depressa. Sabemos que algumas não realizarão a tarefa, mas há um certo número de pessoas que tem uma oportunidade muito verdadeira, uma possibilidade muito real, de completar a transformação, e é isso o que vocês estão vendo agora. Estão testemunhando o aceleramento da evolução de um modo muito mais rápido que na grande transição precedente. Ela nunca ocorreu de forma tão acelerada. Vocês podem colaborar com ela e estas palavras também podem ajudar.

Outra mudança importante que cada pessoa deve levar a cabo neste momento é a extinção da imagem exterior, da personalidade, do ego. Só essa informação já produzirá algum sobressalto. As pessoas acreditam que a personalidade delas é uma necessidade. Mas não é, e ela precisa ser posta de lado.

Já ocorreu um desenvolvimento importante no interior de cada pessoa. O ano que acaba de passar (1989) assistiu a uma tremenda aceleração desse processo, e daqui a um ou dois anos vocês presenciarão um enorme grau de progresso interior em pessoas que podem transformar a si mesmas — mas isso também significará que a diferença entre elas e as que estão mais abaixo no ciclo evolutivo se tornará mais acentuada.

Infelizmente, quanto mais progredirem tanto menos vocês serão capazes de ajudar os que se recolhem à miséria do próprio medo. Nenhum professor, nenhum mestre de almas está tão acima dos discípulos em matéria de progresso que possa prestar essa ajuda; assim são as coisas e assim devem ser. Nessas condições, será quase impossível algumas pessoas mais adiantadas chegar até os que estão muito desesperados com o peso do próprio medo, da própria personalidade e do próprio ego. Mas àqueles que estiverem mais próximos ser-lhes-á possível ajudar com as palavras, com a energia e com a Luz de vocês.

Entretanto, vocês precisam, em primeiro lugar, deixar de lado o desejo de ajudar, pois esse desejo, por si mesmo, será um empecilho à ajuda real que poderão prestar aos outros. A sensação de "saber" o que fazer os auxiliará. É indispensável que o desejo, o remanescente da personalidade, do ego de vocês desapareça. Outrossim, filhos queridos desta Terra preciosa, alguns de vocês saberão que há pessoas ao seu redor que vocês não poderão ajudar de maneira alguma. Vocês terão de aceitar esse fato. Não é possível ajudar todo mundo.

Existe uma aura purpurina de Luz em torno deste planeta. Existem também áreas escuras, negras; mas a Luz purpurina, protetora, salvará o mundo da completa destruição. Vocês são privilegiados, queridos filhos da Terra, vocês ganharam uma dádiva preciosa — a dádiva da vida — e os que vivem neste momento habitam talvez este planeta no instante mais precioso de todos. Aqueles dentre vocês que rezaram, emitiram Luz, curaram o mundo, viverão para ver o dia em que prevalecerá certo grau de paz e de perfeição. Vocês são privilegiados — não são a elite, mas são privilegiados — por estarem aqui neste momento.

O mundo e o Universo observam com interesse e, sim, vocês estão sendo vigiados por seres de outros mundos, que percebem o que está acontecendo neste planeta, e compreendem o que acontece nos deles. No globo terrestre, no entanto, registra-se uma mudança acentuada — mais acentuada do que em qualquer outro planeta. Alguns de vocês, queridos filhos da Terra, viram e sentiram esses seres. Eles estão fascinados por vocês, comprazem-se em observar vocês; estão interessados porque vocês não são como eles e, através de vocês nesta transição, eles compreenderão melhor a si mesmos e como são. Vocês têm a capacidade de ser uma força equilibrada no Universo, de um equilíbrio do qual nenhum outro planeta se aproxima, e é isso o que transpira: um equilíbrio entre a Luz e as trevas.

Até o presente vocês têm vivido, em grande parte, de acordo com as leis de causa e efeito. Mas nós os inteiramos agora, com absoluta certeza, de que isso vai acabar. Haverá aqueles que negarão esse fato, até mesmo pessoas evoluídas, que precisam, infelizmente, instituir um padrão da negação em virtude da emanação original que seguem geneticamente. Essa, todavia, é a verdade.

A energia se equilibrará e, em seguida, ela se converterá em Luz. Não haverá escuridão no globo terrestre. Até os dias serão afetados. O Sol está mudando e, num breve espaço de tempo, haverá outra fonte de Luz. Conseqüentemente, não haverá dia nem noite, mas tão-somente a Luz permanente e este planeta, em grande parte, terá uma temperatura constante — uma temperatura moderada que, por si mesma, forçará a evolução.

Estejam conscientes, queridos filhos desta Terra, que a transição é uma realidade e os que duvidam disso deixarão de duvidar nos próximos um ou dois anos, quando virem as mudanças ocorrendo. Vocês não devem ficar com medo nem tristes pelos que não sobreviverem, em termos físicos, à transição. Todo ser humano tem uma energia. Essa energia é o que vocês chamam de alma. A alma de vocês é energia. Energia que nunca morre. Energia que, na ocasião da morte do corpo, penetra no que vocês definem como Espírito. Essa energia não se destrói, mas continua sua jornada. Algumas se combinarão no Espírito como uma espécie de energia grupal, que por si mesma mudará. Outras, para usarmos as palavras de vocês, reencarnarão em outro mundo; não reencarnarão na Terra.

Daqui a três ou cinco anos, no máximo, haverá provas científicas da energia a que vocês dão o nome de alma. Vocês são capazes de compreender perfeitamente que não é possível ver a energia. Vocês só a vêem quando ela se transforma em alguma espécie de matéria, e é a matéria física do corpo que se vê, e não a energia que está dentro dele. Os cientistas falam de energia em termos biológicos, e de fato há uma energia biológica. No entanto, essa não é a energia a que nos referimos. É a energia que vocês chamam de alma e que está presente desde o princípio até o fim da vida. O que acontece por ocasião da morte se assemelha ao descascamento de uma vagem — e a alma segue o seu caminho.

A alma é a verdade individual de cada um. Toda alma tem um nível diferente de energia; toda alma tem sua própria Luz. Não existe, queridos filhos, nenhuma escuridão na alma. Essa é uma ilusão disseminada por pessoas que viveram acuadas pelo medo, que foram preparadas para explorar esse medo no intuito de governar. Em verdade, não existe escuridão em nenhuma alma. Existe um nível diferente de energia, mas não existe escuridão. A escuridão provém da mente negativa e da energia negativa gerada no interior de cada pessoa. Isso atrapalha a alma, mas nunca poderá destruí-la.

Falamos agora do modo como a energia e o pensamento negativos criaram a desarmonia e a disseminaram no globo terrestre. Existe uma força destrutiva de energia que se formou na mente dos homens. Se vocês puderem visualizar os pensamentos negativos como cristaizinhos de escuridão na atmosfera, poderão começar a ver como muitos desses cristais negativos criados pelas pessoas se agrupam, por assim dizer, e, juntos, provocam uma perturbação — em outras palavras, o mal. Isso, aconteceu, por exemplo, de maneira muito clara, na Segunda Guerra Mundial, quando os cristais negativos se juntaram fazendo com que pessoas, que nunca teriam pensado nisso por si sós, destruíssem, torturassem pessoas de uma raça que decidiram odiar e as tratassem de maneira crudelíssima.

Mas o mal não existe fora do pensamento dos homens. A maioria das forças vitais provenientes de outros mundos nem sequer compreende o conceito do bem e do mal. Trata-se, em grande parte, de uma maneira de ser tipicamente humana, distorcida e equivocada desde os primeiros tempos. Desenvolvendo-se, as características negativas se acentuaram e representam agora um grande problema para todos vocês, de modo que avultaram à sua frente desafios enormes — mas nós desejamos e esperamos que vocês possam dar esse salto em sua compreensão.

É muito importante, a esta altura, que haja uma total compreensão do que é a alma. Um entendimento maior dessa energia promoverá a evolução e possibilitará aos de elevada capacidade mental e intelectual lançarem de si o medo; isso não demorará. A ciência desempenha um papel nessa transição. Desempenhará um papel no conhecimento vindouro da força da energia dentro do corpo a que vocês dão o nome de alma. Representará um papel no trabalho que está fazendo no que vocês denominam "tempo". É muito difícil explicar a pessoas que sempre viveram de acordo com esse elemento linear que ele, na verdade, não existe como vocês o conhecem. Eis aí um conceito difícil de eliminar; mais difícil, em muitos sentidos que o da alma. Mas isso acontecerá.

Precisamos dizer mais algumas palavras sobre o medo.

A inserção do medo na constituição humana ocorreu muito cedo na evolução da humanidade. Foi implantado no homem primitivo um fortíssimo instinto de sobrevivência, que era então necessário. Em vez de desaparecer como deveria ter ocorrido quando ele se tornou desnecessário, esse elemento se agigantou, trazendo consigo guerras, lutas e disputas. Quando vocês conversam com outra pessoa e se relacionam com ela, estão em contato com outra parte de vocês mesmos. Cada alma, cada energia, embora individual, faz parte de um todo. O homem primitivo não se apercebia dessa verdade e via como alheio, como mal, tudo o que ele não estava preparado para compreender. Seu medo excessivo aumentava as partículas negativas existentes na atmosfera. Estas eram usadas por bandos de pessoas que não eram más em si mesmas, mas estavam presas à própria negatividade. Como resultado disso, tem havido muita destruição.

Quando há violência e destruição, ocorre também a destruição de parte da pessoa que as inflige. Essa é a razão por que a lei de causa e efeito tem vigorado — não por castigo, não por sentença, senão porque a pessoa infligiu a si mesma a dor que a limitou em seu íntimo e se manifestou na sua própria vida: assim funcionam as coisas. É dificílimo para alguns de vocês libertarem-se dessa falha genética, alimentada por gerações a fio e que os governa pelo medo e pelo ódio, mas acontece que neste momento se trata de uma possibilidade real. É apenas em virtude da presente transição que existe essa possibilidade. Instamos com vocês, filhos da Terra — que aproveitem a oportunidade. Não deixarão de evoluir, mas obstruirão o seu crescimento se não se aproveitarem dela.

Há um campo de força da Luz que pode elevá-los e dissolver a escuridão existente dentro de vocês. Vocês estão, por assim dizer, escalando uma alta montanha; ainda não se vislumbra com nitidez o fim da escalada, mas vocês sabem que estão quase lá. Filhos da Terra, pedimos-lhes que olhem para si mesmos, que sintam a Luz e a verdade e parem de dar desculpas. Não fazemos esse pedido pela influência que isso exerce sobre o poder e a energia de que procedemos: fazemos por vocês mesmos.

As desculpas que vocês dão são produto do medo, devido a uma retorcedura muito tortuosa da mente. A mente consciente de vocês deseja ver as coisas, como vocês dizem, "pondo o preto no branco". Quando topa com a informação de que elas não podem ser incluídas nessas categorias, a mente, no mesmo instante, deixa de tomar conhecimento delas ou dá uma desculpa. Este é um dos fatores. Há outro. Vocês, humanos, são muito bons em justificar-se, por pura preguiça, ou por medo da verdade e do que precisa ser feito. Damos-lhes um exemplo. Uma mãe superprotetora reprime o filho e depois se desculpa: "Estou fazendo isso porque quero protegê-lo. Quero que ele seja feliz." Essa é a desculpa da mãe que não quer perder o filho. O mundo está cheio de desculpas e estas precisam ser examinadas.

O planeta de vocês é um paraíso. Já foi, de fato, um paraíso e de fato voltará a sê-lo. Vocês estão presenciando a queda de estruturas e de restrições, alarmante para muitos e alvissareira para outros. O pássaro que voa não tem barreiras. Cumpre que a Terra não as tenha. A queda dessas estruturas é um fato muito real para vocês enquanto falamos. Verão líderes sendo depostos, fronteiras desaparecendo e outras se erguendo. Haverá quem tema essas rupturas por saber que a estrutura em que vocês vivem é mentirosa e que não estão preparados para fazer mudanças. Os que vivem subjugados pelo medo tornar-se-ão violentos e agressivos — e lutarão com outros que têm os mesmos medos. Eles causarão muita confusão e muito ódio porque dentro deles todas as partículas negativas de que falamos estão se agrupando devido ao ódio que eles sentem. Mas essas pessoas usarão toda a energia das partículas negativas, e estas, de uma vez por todas, se transformarão em Luz.

A Luz, o poder, a energia do pensamento que preenche tudo em todos os postos do Universo é parte de vocês. Vocês não estão afastados dela. São parte dela, como os seres de outros planetas. São parte dela como nós somos. Compreendam que vocês são parte da Luz.

A Terra tem sido um planeta de emoção. Ensinou muito aos outros planetas com suas lutas e, sim, queridos filhos, até proporcionou ao Pensamento maior, à Luz maior, algumas experiências notáveis. Com o sofrimento vocês deram de si à Verdade maior e criaram a oportunidade de uma energia maior não só para vocês, mas para o Universo inteiro. Por isso lhes pedimos outra vez, neste momento em particular, que olhem para dentro de si mesmos, olhem, olhem, olhem.

• 2 •

Ponto de Partida

Vocês compreendem o conceito de rodas dentro de rodas. Toda revolução de uma roda é a conclusão de um ciclo. Isso é o que acontece no mundo de vocês: estão chegando ao fim de um ciclo. Um ciclo pequeno, dentro de um ciclo maior, que está inserido num outro ciclo ainda maior e assim por diante.

Para começar, dois ciclos internos se correspondem. Há o ciclo das eras, que vocês mesmos medem e segundo o qual vivem neste planeta, e há também o fim de um ciclo maior, que representa a Terra e a relação dela com o Universo. E há ainda o terceiro ciclo do Cosmo, também em ponto de transição. E assim a força, o conhecimento, a intuição que todo ser vivo experimenta neste momento são muito mais fortes agora do que talvez já tenham sido algum dia.

Compreendemos que é difícil interpretar sentimentos ainda presentes, alguns dos quais muito ousados, quase destrutivos. Há um sentimento universal de que haverá alguma espécie de Armagedon, e até a pessoa menos consciente e intuitiva sente certa movimentação ou mudança. Cada pessoa tem de interpretar esses sentimentos por si mesma, porém, devido às enormes e cósmicas proporções de toda essa mudança, o que quer que vocês pensem a respeito dela não alterará o que tem de ser.

Para alguns de vocês existe uma tremenda responsabilidade. Vocês precisam concorrer para a extinção do medo e, no entanto, não querem transmitir informações que possam, por si mesmas, ter um efeito maléfico sobre o progresso alheio. Todas as pessoas estão chegando (e em alguns casos já chegaram) ao nível do que vocês descrevem como Cristo. Essa é uma realidade. Mais e mais pessoas deixarão os seus medos para trás enquanto viajarem para esse ponto.

Cabe a todos a responsabilidade de atentar para a emanação do Cristo no intuito de aprender o que fazer e o que dizer em determinado momento. Isso não é fácil nem mesmo para os que se empenharam para alcançar uma nova consciência. Momentos haverá em que tudo parecerá particularmente difícil e as coisas se dirão envoltas em nuvens, mas esses tempos serão muito breves. Esperem, prestem atenção, que o equilíbrio voltará.

Precisamos conhecer alguns pormenores das mudanças que estão acontecendo. Todo indivíduo já tem algum conhecimento deles. Infortunadamente, algumas pessoas cheias de medo, intuindo que as mudanças estão chegando, lutam e resistem a elas, dando origem à violência e à agressão. É importante nessa ocasião manter a calma. A calma e o silêncio interior são o que mais pode ajudar.

Muitas idéias preconcebidas terão de ser postas por terra à medida que as pessoas se elevam ao nível do Cristo. Haverá um colapso de todos os tipos de estrutura na vida de cada ser humano. Poderá verificar-se uma ruptura na vida familiar, na carreira, no lar ou em todas as coisas do plano mundano e, não obstante, as pessoas se erguerão acima de tudo isso com uma facilidade cada vez maior, à medida que progredir a transição.

Será mais difícil para os que têm pouco conhecimento e muito medo ver essas mudanças imensas acontecer com as pessoas à sua volta. Estamos falando de um grande número de pessoas, e as que não se elevarem até o nível necessário verão confusão e rupturas e ficarão desorientadas. As mais negativas dentre elas recorrerão, infelizmente, à violência, ao crime e às drogas — mas vocês não poderão ajudá-las. Sabemos que isso é cruel, mas não há muito mais que possamos dizer a esse respeito, pois a maior verdade é seguir com o próprio espírito.

Falamos da alma. A alma, o espírito interior, tem o seu próprio nível ligado ao Espírito e à Energia que se acham acima do ser humano, fundem-se com ele e fazem parte dele. E aqui está a ironia: quando vocês, seres humanos vivos, dissolvem a própria imagem externa, a personalidade, o ego, para ligar-se à pura energia da alma, tornam-se menos que um indivíduo no sentido humano. Perdem a própria identidade, queridos filhos desta bela Terra viva e respirante. O que vocês ainda não compreenderam de todo é que sempre fizeram parte da Luz maior, da energia maior. A imagem, a individualidade da presença humana foi uma fase importante de se viver. Ela lhes ensinou muitas, muitas coisas. Mas vocês nunca perderam a energia maior e nunca se afastaram dela. Sim, queridos filhos, vocês, com efeito, são parte da Energia maior, que vocês mesmos definem como Deus.

Vocês, portanto, compreendem agora o seu potencial divino, ou o que nós descrevemos como o nível de Cristo. É a Cristo que vocês todos aspiram: um ser humano vivo que todos vocês aceitaram como Deus. Essa energia será tema de discussão e será confirmada em todos os níveis. Não é apenas para o médium e para o intuitivo: nós afirmamos aberta e firmemente que é para todos. Para todos haverá uma remodelação da energia existente no interior de cada um de vocês. O novo estado será compreendido, e alguns já o estão compreendendo agora. Por ter sido a imagem externa descascada, há ou haverá uma concentração maior de energia anímica.

Pensem nisso, queridos filhos, pensem na preciosa e privilegiada experiência da vida, na personificação da energia da alma. À medida que a imagem se romper, vocês chegarão à conclusão de que o ser humano está mais consciente da sua ligação com Deus (usamos a palavra Deus com alguma relutância porque temos consciência dos danos que a imagem de Deus causou ao seu mundo). Sentir-se-á então a harmonia com outras pessoas nesse nível de ser, e passará a existir uma espécie de consciência de grupo, que vocês nunca tiveram neste planeta. Já não haverá esforços nem excessos para suplantar o vizinho. Haverá uma espécie de amor sem emoção, mas tão puro que cada pessoa saberá o que qualquer outra precisa em determinado momento. Essa será, com efeito, uma grande comunhão de almas e assim diremos, em verdade, que se chegará a algum tipo de perfeição.

Durante muitos anos as pessoas vêm ansiando por uma sociedade em que todos se interessem de fato uns pelos outros. A emoção sempre falseou esse anseio, juntamente com o desejo de ser superior ou de colocar o ego em primeiro lugar. Vocês agora estão chegando a um momento em que os membros da sociedade se conhecerão e se importarão de fato com as necessidades dos outros, de modo que coisas como fome e pobreza deixarão de existir. Essa será a sociedade perfeita.

É evidente, queridos filhos, que vocês terão outros problemas; em cada fase, em cada platô, haverá sempre alguma coisa para escalar. Agora vocês perguntam o que sucederá aos que não seguirem na direção do nível de Cristo. Isso não é fácil de se compreender ou de aceitar, e sabemos que até a canalizadora e sua amiga acharão difícil entender parte dessas informações. Mas isso nos foi perguntado e nós falamos a verdade.

Haverá uma polaridade de energias. Já fizemos referência às áreas escuras e às partículas negativas da atmosfera causadas por vocês mesmos. Neste momento há uma verdadeira força magnética em ação. As partículas negativas estão sendo atraídas para certas áreas do globo terrestre e as positivas para outras. Sabemos que isso, para vocês, é difícil de imaginar, mas o positivo e o negativo não existirão para vocês no futuro — serão ambos a mesma coisa. Também já falamos de pessoas que encontram o seu lugar no mundo físico, e é o que está sucedendo agora.

Há, e haverá ocasiões de violência. Imaginem um ímã gigantesco que atraia todas as partículas negativas, e verão como se produzem o agravamento e a agitação. Neste instante as pessoas que estão nas áreas escuras ainda têm oportunidade de escapar. Elas não estão presas em armadilhas, poderão sair dessa situação se conseguirem dissipar o medo. Se decidirem — e damos ênfase a isso, se decidirem falar — haverá um ponto sem volta para elas, pois essas áreas explodirão com violência e destruição ou por meio do que vocês costumam chamar de desastre natural. Os desastres naturais só ocorrerão em virtude da força negativa desses lugares. Os oceanos, em grande parte, não são negativos nem positivos, são neutros, embora venham a ser afetados até certo ponto. Haverá furacões e maremotos quando as energias tomarem seus lugares, mas lembrem-se, queridos filhos de Deus, de que vocês não podem salvar todas as almas.

Assim sendo — de tudo isso decorrerá uma ruptura. Acabada a destruição necessária, vocês ficarão unicamente com a Luz. Isso produzirá um efeito enorme sobre cada aspecto vivo, respirante, da Terra, e até objetos inanimados lhe sofrerão as conseqüências. As leis de causa e efeito ou carma também se extinguirão, relacionadas que estão com o influxo de energias e com o magnetismo ora em ação. Haverá os que só verão a destruição — essa é a opção deles. Outros haverá que, de tão tomados pelo medo, se agarrarão às pessoas da Luz como sanguessugas. E ainda haverá os que tentarão investir contra os da Luz, sem saber que estes não podem sofrer danos. Não se trata aqui de recompensas conferidas "aos bons meninos e às boas meninas". Trata-se, pura e simplesmente, da deflexão provocada pela energia da alma e do espírito interior.

Precisamos dedicar algum tempo agora às mudanças globais, que se verificam fora do mundo de vocês. Referimo-nos a um vento cósmico. Assim como as energias estão mudando neste planeta, assim também acontece praticamente em todos os outros planetas do Cosmo. A mudança global já começou. A energia ou vento cósmico que sopra é atraída para planetas de energia superior, onde é recolhida. É o que acontece no planeta de vocês com tão momentoso resultado. Outros planetas, com menos energia ou virtualmente adormecidos (pouquíssimos estão completamente adormecidos) sofrerão uma influência menor do vento universal. Essa é uma forma incompleta de descrever esse fato, mas é, pelo menos, uma forma que vocês conseguem entender.

Tudo é equilibrado, e os acontecimentos ocorridos num planeta se refletem em todos os outros. O Sol que os alumia está mudando, e novas energias, que retemperam velhos planetas, produzirão para vocês um modo físico diferente de ser. Como vêem, queridos filhos, os produtos derivados da consciência de Cristo são a telepatia, os dons mediúnicos e a intuição, e todos serão contemplados com eles. Essa sensibilidade permitirá até que as pessoas estabeleçam ligação com almas que estão em outros mundos. Esse é o motivo por que muitos daqueles a que vocês chamam OVNIs estão sendo avistados. Como vocês sabem, eles não existem fisicamente, mas estão ali em outro tipo de realidade.

Existe uma ligação entre os povos do Universo e, dentro de muito pouco tempo, na história de vocês haverá, como vocês mesmos dizem, viagens interplanetárias. O que vocês ainda não entenderam é a grande importância desse desenvolvimento. Ele lhes permitirá libertarem-se do fardo do físico — o que quer dizer, em realidade, que o espírito existente dentro de vocês poderá ir aonde bem entender e levar o corpo consigo. Há padrões que governam esse movimento à medida que ele flui e reflui repetidamente. No sistema solar a que vocês pertencem esses padrões estiveram fixos por um tempo muito longo, mas agora estão se formando novos modelos, que ainda não foram estabelecidos, e não se estabilizarão tão cedo. Isso proporcionará uma liberdade de espírito que vocês jamais conheceram e que, mesmo agora, não podem compreender. Tudo o que podemos dizer é que vocês serão, e são, deuses.

A sua atual fonte de Luz, o Sol, será condicionada pelo vento da mudança, mas continuará. Vocês entenderão a importância desse fato porque já têm bases científicas para compreender a energia do Sol. A essa altura, um dos outros planetas desta galáxia sofrerá uma metamorfose, tornar-se-á outra fonte de Luz e se colocará muito perto da Terra, do que resultará o desaparecimento do dia e da noite que vocês agora conhecem. Haverá alteração na Luz, mas não haverá escuridão. Existem agora áreas no globo terrestre que nunca mergulharam na escuridão total em certos períodos do ciclo do Sol. Será semelhante a isso, mas a causa será diferente — trata-se do fato de todo planeta exercer influência sobre o planeta vizinho. Quando vocês pensarem nessa reação em cadeia começarão a ver que até mesmo uma dessas mudanças terá repercussões enormes, mas nós lhes transmitimos de forma atenuada essas informações porque vocês não podem compreendê-las completamente nesta ocasião e nem é necessário que compreendam.

O aspecto mais importante da mudança, como deve ser, relaciona-se com o ser humano. É imediato. Não desejamos privá-los de outras informações, mas elas poderão desviar-lhes a mente de questões importantíssimas deste momento crucial, quando são soberanos o indivíduo e o crescimento individual. Pensem menos em outros planetas do que em vocês. Pensem na sua Luz e na mudança de energia em seu interior, e isso os ajudará a compreender a progressão de vocês rumo à fase seguinte.

• 3 •

Compreensão

Existe uma enorme Respiração no Universo. Ele expira e aspira. Ele não tem "tempo".

O tempo, como vocês o compreendem, é característico deste planeta. Vocês vêm medindo o tempo desde os primeiros dias, pela presença da escuridão e da Luz, enquanto a Terra gira ao redor do Sol. Essa forma de medir o tempo é muito pessoal e própria de vocês.

Tentamos transmitir-lhes o conhecimento da essência e da energia no interior de cada pessoa a que vocês dão os nomes de alma ou de espírito, e que são idênticas à energia que lhes descrevemos como Pensamento. Embora idênticas ao Pensamento, elas estão encerradas numa forma física que vocês chamam de corpo, a fim de passar por experiências e se desenvolver. Mas a essência dentro de vocês não tem "tempo". Ela vive e respira em concordância com o Pensamento universal a que vocês estão ligados. Poder-se-ia dizer que as informações que recebem vêm de vocês mesmos, o que seria correto porque tudo é um. O Pensamento inspira e expira.

Quando o seu corpo físico morre, a alma, o espírito, enceta uma jornada rumo ao todo, o Pensamento Original. O único momento em que vocês podem entrar em contato com espíritos desencarnados é quando eles estão na fase entre a saída do corpo físico e a identificação com a Fonte, com o Pensamento. No passado, essas energias da alma regressaram ao mundo ou, como vocês mesmos dizem, reencarnaram para ser outras pessoas com personalidades diferentes.

Vocês estão tão preocupados com imagens externas que, em grande parte, o descobrimento do que a alma e o espírito de vocês foram numa encarnação anterior tem sido pouco proveitoso, visto que alguns de vocês só têm dado atenção à imagem e não à essência. Vocês, por exemplo, podem ter sido um guerreiro extremamente forte numa vida passada e matado muitas centenas de pessoas. Na vida seguinte, podem ter sido uma mulher pequenina e frágil, portadora de algum defeito físico, que nunca teve um pensamento violento em toda a vida. Queremos explicar-lhes que a imagem exterior, que envolve o espírito encerrado nela, não é relevante, não é importante. Apenas propicia a oportunidade de crescimento e, muitas vezes, de maneiras que vocês nem imaginam.

Pelo fato de o Espírito ou a Energia original estar em toda a parte, o tempo não existe. Fazemos essa colocação em termos de vida humana para que vocês comecem a compreender o que queremos dizer quando afirmamos que o tempo não existe. Já lhes dissemos que o Pensamento Original sempre esteve presente e sempre estará, e que as partículas que primeiro se separaram dele, no intuito de gerar a vida humana como vocês a conhecem, ainda fazem parte daquela Fonte. Existe, portanto, uma inspiração e uma expiração de energia que não pode ser medida pelo tempo de vocês nem por qualquer outro.

A vida é uma experiência dentro dessa energia. O que vocês não entenderam é que as experiências de vocês alteraram a energia ao trazer de volta à Fonte o crescimento e a experiência. Não existe sequer uma gota de energia a mais do que a que sempre existiu. E não há tampouco uma gota a menos. Ela se modifica quando se expande — ela inspira e expira.

O que nós estamos dizendo não é muito simples, e vocês têm perguntado a respeito de "almas novas" e "almas antigas" com relação à eternidade. Quando vocês falam em almas novas, estão falando de uma essência ou energia que faz parte do todo, mas que nunca passou pela vida mundana. De modo que elas, na verdade, são novas — novas para a vida. Ao deixar a vida, algumas vão para o que vocês descrevem como espírito, depois voltam para uma vida posterior. Outras podem não regressar à Fonte, mas há sempre expansão de energia para a alma que começa como nova e depois segue adiante em seu caminho. Essa alma ainda é parte do todo, o Pensamento.

Dizemos que algumas almas novas não retornam à Essência. Isso se deve, em grande parte, à atração. Uma alma nova, como vocês a chamam, está particularmente envolvida com a imagem da vida. A experiência para ela é tão forte que ela volta repetidas vezes, pois as experiências da vida modelam a energia interior. Essa, no entanto, não é uma regra absoluta. Às vezes, uma alma só vem para a vida uma vez, regressa à Fonte e nunca mais volta. Isso depende, em grande parte, da experiência de vida e de uma forma de atração que a energia da alma cria para si mesma, a qual tanto pode fazê-la voltar à vida como retornar à Fonte.

O Pensamento é consciente. Tem consciência de si mesmo. A alma, a energia que existe dentro de vocês tem consciência de si mesma. Dizer que a alma tem uma mente consciente não é correto, mas a alma tem consciência de si mesma. É mais fácil para nós falar-lhes em termos de atração, pois um conceito que vocês compreendem é o do magnetismo, o qual, até certo ponto, explica o movimento da energia para dentro e para fora. Trata-se de uma atração e de um crescimento. Mas vocês ainda dão uma importância excessiva à imagem exterior. "Como procedi bem nesta vida, da próxima vez avançarei." O que a pessoa faz em termos físicos durante o seu tempo de vida talvez não seja o que a faz progredir para a vida seguinte. É a compreensão no interior da alma. É o fortalecimento, a aceleração da essência vibratória que lhe permite seguir adiante, e deixar de ser uma alma nova para tornar-se uma alma muito antiga e sábia não é necessariamente o objetivo dessa alma. É arrogância do ser humano presumir que o seja.

Não é fácil descrever-lhes tudo isso quando vocês continuam a valorizar o nível da personalidade, até mesmo para aqueles que, em grande parte, deixaram o ego para trás. A alma é a energia interior que podemos ver nitidamente. Ela está sempre crescendo. Crescendo — não aumentando de tamanho, mas crescendo em qualidade. Modifica-se. Ou, mais simplesmente, torna-se mais poderosa. Repetimos, porém, que sempre existiu a mesma quantidade de energia em todo o Universo, em todo o Cosmo, e essa quantidade nunca se alterará. Sabemos que, por mais que tentemos colocar tudo isso em termos que vocês possam compreender, estes serão inadequados, meras analogias.

As almas novas que não voltam para a Fonte reencarnarão, e a alma nova que retorna à vida geralmente (mas nem sempre) reencarna de novo no mundo de vocês para que possa viver mais um pouco esse tipo de experiência. Mais tarde, à medida que ela se move, a atração dentro da energia dela se torna tal que lhe permite viajar de volta à Fonte. Já não há almas novas entrando na Terra neste momento. Isso se deve à transição. Não desejamos preocupá-los, mas, numa extensão considerável, a experiência de vida que vocês conheceram, por meio da sua noção de anos e de tempo, nunca mais será a mesma. A experiência de que a alma e a energia precisavam já foi cumprida; já foi experimentada — e já deixou de ser necessário que novas almas encarnem.

Há uma enorme quantidade de energia no globo terrestre na forma de almas, de criaturas vivas e respirantes. Uma energia tremenda, e toda ela experimentando a vida. Voltamos a falar em atração ou magnetismo. A energia do planeta atraiu desta feita, por si mesma, o que vocês denominam almas antigas. Em certo sentido, queridos filhos, as palavras "antiga" e "nova" não são muito precisas. A energia é, era e sempre será. É uma unidade, uma totalidade, e a vida é uma experiência rica dessa energia, que agora chegou abundantemente à própria realização no mundo de vocês.

Já falamos sobre a dor física e já mencionamos que ela, na verdade, não existe para a alma, para a energia interior. Procuraremos explicar esse fato em termos simples. Tentem pensar na energia, no Pensamento, por mais difícil que seja compreendê-lo. Aceitem por um momento a idéia de que ele sempre existiu e que, na realidade, não tem começo nem fim. Quando uma parte magnética dessa energia se separou do resto para continuar criando um sem-número de mundos, de galáxias, de estrelas e, através da mesma energia, o globo terrestre, subsistiu ainda parte do todo original. E ele continua tendo a mesma quantidade de energia. Enquanto a Terra se formava, ele continuou atraindo energia para si, energia que veio a ser a vida humana. À medida que a evolução física ocorria, levando o Espírito consigo, a energia, o espírito, a alma teve o ensejo de expandir o nível do que nós denominaremos consciência. Não se tratava de um objetivo, nem da vontade deliberada de alguém ou da energia. Tratava-se simplesmente de atração magnética.

Temos de dizer-lhes, queridos filhos, que essa energia é o que vocês chamam de Deus. Uma energia consciente; ela pensa, respira, está viva. Não é uma personalidade. E quando a essência da alma retorna à Fonte não tem, ligada a ela, nenhuma personalidade, nem mesmo um resquício de personalidade. Mas porque a experiência de todas as almas está dentro dessa energia, elas estão de posse de todo conhecimento de todos os tempos, de todas as pessoas e de todas as criaturas vivas.

Pedimos-lhes que pensem na Respiração. Numa grande respiração, que inspira e expira. E se puderem pensar na energia como tendo sua atração, seu magnetismo, talvez comecem a compreender como todo o Universo veio a existir. Dentro dessa energia, porém, não existe tempo. Existe a experiência e existe a expansão, mas não existe tempo.

Sabemos que isso é difícil para vocês. Os cientistas chegarão a essa conclusão à maneira deles. Eles tentam fazer isso por meio de equações matemáticas, mas, sem o ímpeto da liberação da imaginação, os resultados serão limitados. Entretanto, a intuição neste planeta agora se tornou mais forte e alcançará o conhecimento científico. Eles estarão falando, de fato, da "respiração da vida".

Vocês perguntam se existe algo como "almas gêmeas". Diremos com bondade que, por vezes, as pessoas que usam essa expressão não estão encontrando sua alma irmã mas apenas sentindo uma poderosa atração física ou certo número de outras coisas. Mas quando existe o sentimento verdadeiro de um encontro profundo, trata-se freqüentemente de duas almas que alcançaram o mesmo nível superior de energia; tocam-no e relacionam-se com ele. E, nessas circunstâncias, há sempre a sensação de haverem encontrado Deus. É o reflexo, num nível inferior, da sensação e da experiência por que passa a alma quando retorna à Fonte — a ligação com o Uno. Pode ser que essa alma tenha, com efeito, encontrado a outra alma em outra vida e tido experiências com ela, de modo que se registra um reconhecimento. O mais provável, contudo, é que o nível da energia dentro da alma conheça a sua contraparte, conheça sua unidade, sinta sua atração e tenha consciência de Deus. Eis por que a experiência é realmente maravilhosa para o ser humano. Podemos falar nos sentimentos da alma. Como dissemos, a energia é consciente. Não é o sentimento emocional que vocês conhecem, mas um sentimento e uma experiência. Podemos dizer que ela se alegra com alguma coisa — mas não é uma alegria emocional.

Temos de dizer mais uma vez, queridos filhos, que vocês são muito privilegiados. Todo ser vivo é privilegiado por estar neste planeta, por experimentar esse sentimento e esse crescimento que nenhum outro ser vivo já experimentou. O magnetismo da energia que veio para o globo terrestre e usou o corpo físico como um invólucro é verdadeiramente privilegiado.

Numa coisa os cientistas de vocês estão certos. Não existe no Cosmo outra vida como a que vocês conhecem. Existem outros seres, seres vivos respirantes, mas nenhum tão individual quanto vocês. E conquanto o modo como as coisas existiram no mundo esteja chegando ao fim, e a experiência da imagem externa esteja perecendo, foi um crescimento para a alma, um crescimento acima da presente compreensão de vocês. E vocês continuarão a evoluir, sem dúvida, queridos filhos, para o que chamam de "coisas maiores". Os éons passados de sofrimento proporcionaram uma riqueza e uma experiência imensas para a energia, para a consciência, para a alma. Sabemos que vocês não compreenderão integralmente que o tempo não existe, mas, por ora, talvez lhes seja suficiente saber que o seu "tempo" é outra espécie de experiência.

Vocês nos pedem para falar sobre o papel dos Mestres. Devido à evolução, sempre existiu um tipo de alma que paira acima ou um pouco além de qualquer outra ao longo da estrada da experiência. E a consciência dessa alma sabe, de fato, que ela virá a ser, em determinado momento, uma Luz para os que puderem vê-la. Assim sendo, num sentido muito real, há professores. Mas vocês estão se aproximando de um tempo em que essa espécie de alma professoral já não será mais necessária.

Quando mencionamos as palavras "necessário", "prazeroso" ou "sentimento" usamos termos humanos mas, na realidade, queremos dizer magnetismo, atração. Se fôssemos, contudo, falar-lhes por meio do que vocês chamariam de "eufemismos", estes não significariam muita coisa e não lhes tocariam o coração nem a alma. Por isso mesmo temos de falar em sentimentos, em necessidades, em prazeres e coisas desse gênero, mas todos querem dizer a mesma coisa.

Há ocasiões em que se requer certo tipo de pessoa. Mais uma vez, é como se houvesse uma espécie de atração, e essa alma, ou parte da energia, se manifesta como uma

Luz, um professor. Porém, como vocês estão compreendendo agora, todo conhecimento é interior porque vocês todos são parte de Deus. Pertencem a Deus. Mestres e professores são aqueles que provocam o despertar; eles despertam a concha exterior e ativam o toque muito real da energia interior. Grupos voltam a se reunir por meio desse uníssono, dessa harmonia no sentir a energia.

Tudo regressa ao Pensamento Original, que não deixa de ter a sua própria mudança. Ele se modificou e se expandiu em conhecimento. Sempre se expandirá — mas sem visar a um grande poder, visto que o poder é só uma coisa criada pela imagem. Sim, o Pensamento é uma energia, uma força mas, para o seu próprio bem, não é um poder. Cresce, mas nunca fica um minuto mais velho.

Nós compreendemos os seus dilemas e as suas perguntas. Vocês terão de refletir sobre essas coisas.

Vocês gostariam que falássemos do trabalho de vocês em estabelecer contato com espíritos desencarnados. Assim como as almas progrediram, se expandiram e cresceram no transcorrer dos éons do tempo de vocês, a maioria delas está chegando a um ponto em que já não terá necessidade de imagens pessoais de um espírito desencarnado. Vocês descobrirão que as pessoas os procurarão individualmente, falarão pessoalmente com vocês e com outros para que reconheçam o crescimento da sua energia anímica — para que o reconheçam e sejam gratos. E vocês poderão tocá-las e elas saberão disso.

Existem, com efeito, almas desencarnadas que, digamo-lo para simplificar, se demoram na atmosfera externa, numa fase provisória enquanto avançam antes de retornar à Fonte. Ainda muito perto da experiência e da personalidade que tinham como humanos, agarram-se a elas. E isso, contudo, representa de novo o princípio da atração e do magnetismo. Vocês e outros como vocês (de fato, todos) atrairão para si os que precisam e acham que podem ser ajudados por vocês para avançar. Essa atração não tem limites em distância, mas uma alma que procura ver reconhecido o próprio crescimento será arrastada para o ser vivo mais próximo do nível que ela reconhece intuitivamente como capaz de compreendê-la. De modo que vocês verão aproximar-se os de sua própria vizinhança que precisam e requerem essa espécie de resposta e de ajuda.

Na dimensão humana em que estão, vocês ainda não conseguem compreender o conceito de eternidade por força da vigorosa noção que têm da noite e do dia, das semanas, dos meses, dos anos. Tudo isso, porém, é só uma experiência. Não maior talvez do que qualquer outra experiência da energia, que se expande, respira, cresce. Está sempre lá, sempre presente, sempre crescendo.

Os seus cientistas estão olhando para a figura, a equação de "Z", zero, nada. Pensem nessa imagem — nada, nada, um círculo, uma volta. A energia, o Pensamento Original, é como esse círculo. Está sempre lá. É o fator Z. Vocês o estão experimentando agora. Existe apenas uma Experiência e tudo faz parte do todo. Liberem a mente. Deixem que se vá a imagem exterior. Vençam o medo. A energia da sua alma se elevará e vocês farão contato com a Fonte, com Deus — e essa experiência de união está além do seu entendimento.

Vamos deixá-los agora com o pensamento da energia, da atração, do magnetismo, e com a imagem da Respiração, expirando, tocando todos os seres vivos à cata de experiência, e inspirando, quando retorna com alegria e inteireza.

• 4 •

A Energia da Alma

Gostaríamos, neste ponto, de reiterar em termos de fácil compreensão o que foi dito com relação à energia, para tornar a explicação mais sucinta e mais clara. Todo ser vivo, em qualquer planeta vivo, evoluiu a partir da energia que já descrevemos como o Pensamento Original, e faz parte dela. Quando nasce um ser humano, a energia entra em seu corpo. Essa energia é a força vital e sem ela o corpo não tem vida. Se bem que as forças biológicas tenham sua própria energia, esta é inadequada sem a força vital, que é o impulso de todas as coisas.

A força vital, a alma, instala-se no interior do corpo. O corpo leva algum tempo para acostumar-se à energia e para entrar em sintonia com ela. Como dissemos, a energia nunca diminui. Muda, expande-se, cresce, mas nada existe que se pareça com a diminuição da alma ou com a sua "perversão". Não há almas más. Repetimos que o mal se desenvolve, em grande parte, graças à mente e à negatividade de vocês. É difícil para vocês, que ainda têm muito clara na mente a imagem ou a personalidade, compreender a grande síntese de energia que está presente em todas as coisas. Porém, ela é muito real. Quem vive neste planeta, na verdade, é parte de todos os outros, e parte do todo.

Já tentamos explicar-lhes sobre a inspiração e a expiração universais. Essa é uma maneira prática de falar, mas que expressa a realidade de um modo que vocês podem compreender. Quando o corpo morre, a alma, liberada, volta para a Fonte como num hausto. Quando nasce, é expirada a partir da sua origem.

Existe uma realidade maior do que a que vocês conhecem. Vocês estão em algum ponto da estrada da evolução, e este tempo de transição, que tanto os interessa, é um ponto crítico em que todos começarão a compreender a comunhão com Deus. Não é o fim da evolução. Não há fim, não há princípio. É uma unicidade, uma totalidade, é a "maneira de ser" da realidade.

Vocês estão começando a ver uma mudança no curso dos acontecimentos. Falamos agora do aspecto físico, biológico. O corpo de vocês, o planeta de vocês têm uma energia própria que, por certo, evoluiu desde o Pensamento Original. Essa energia, contudo, se desenvolveu separadamente e não é, para usarmos os termos que vocês próprios costumam usar, o mesmo que a energia da alma, a qual, como já explicamos, faz parte da original. A evolução do corpo físico e, com efeito, da matéria física do globo terrestre (e de outros, mas por ora trataremos exclusivamente da Terra) processou-se, de fato, a partir da separação ou da expiração do Pensamento Original, mas de uma forma particular: evoluiu como massa física.

Cada pedra deste planeta tem a sua própria energia física. Vocês têm no corpo uma energia biológica que evoluiu por conta própria e, segundo vocês dizem nas cerimônias, quando um corpo morre, "as cinzas retornam às cinzas, e o pó retorna ao pó". Essa expressão é muito apropriada, pois a energia do corpo biológico volta para dentro da Terra. Ela evoluiu a partir do Pensamento Original, mas imprimiu o próprio selo, a sua singularidade no resultado do processo. Tornamos, porém, a repetir que, se não houvesse uma alma no interior do corpo, vocês não existiriam, seriam como pedras.

Em virtude da diferença entre as duas energias — a biológica e a anímica — surge um conflito entre elas, e é por isso que morrem bebês, morrem crianças e até adultos morrem. No entanto, quando aceitam a síntese das duas energias, os bebês sobrevivem e crescem fortes. Se, porém, se registrar uma rejeição da energia da alma, o bebê que a rejeitou não sobrevive. A alma dessa criança seguirá o seu caminho e encontrará outro lar ou outra encarnação para a sua energia. Nada se perde jamais.

Quando um bebê é concebido há um magnetismo. Uma alma ou energia avizinha-se do óvulo fertilizado. A alma está muito próxima do crescimento biológico da criança no interior do útero, mas nem sempre fica no útero. Fica, por assim dizer, presa num campo magnético perto dele. Normalmente no instante do nascimento, a alma entra no feto; a força vital expira e a entrada da alma torna-se vida.

Algumas vezes por ser o magnetismo particularmente forte, a alma entra no corpo da criança antes que esta saia do útero. Isso depende do modo como opera o magnetismo entre a energia da alma e a energia biológica. Varia de um caso para outro.

A energia que criou a criança no útero quase sempre é biológica, mas a mãe, muitas vezes, tem uma forte percepção da alma do bebê. Ela concentra seus pensamentos no interior da barriga e, muito embora não seja esse o lugar onde a alma se localiza naquele momento, ela a sente assim. Torna-se quase uma parte de si mesma. Vocês dizem que as crianças escolhem os pais. Pode-se dizer que isso é verdade mas, na realidade, trata-se da atração existente entre as energias dos pais e a da criança.

Como se sabe, há bebês que morrem nos primeiros dias, nas primeiras semanas ou nos primeiros meses de vida, e conquanto já se tenham dado grandes passos para evitar que isso ocorra, vocês jamais conseguirão erradicar os casos de morte que ocorrem quando alma e corpo lutam na criança. No passamento ou na morte do corpo há uma separação entre essas duas energias, pois chegou o momento em que a alma já não pode expandir-se dentro daquele corpo. Depois da separação, a energia da alma, como já descrevemos antes, geralmente vai, primeiro, para o que vocês descrevem como "espírito". Em seguida, de acordo com o magnetismo dela, recolhe-se à Fonte ou retorna ao mundo. Na realidade, isto é um recarregamento ou uma reciclagem de energias.

Vocês usam a expressão "Assim em cima como embaixo", e podem constatar como as pessoas estão aceitando essa idéia em termos físicos. Neste planeta, vocês estão, na verdade, começando a compreender o valor da reciclagem e o modo como a energia é reciclada.

A enfermidade e a dor desaparecerão com esse entendimento. Vocês podem achar isso estranho. Pois lhes é difícil imaginar um tempo em que nem cortando um dedo sentirão dor. Mas como o corpo e a alma sintetizam-se em energia, assim será. As doenças só são produzidas pelos "maus pensamentos" — no sentido de que as partículas negativas existentes na atmosfera são arrastadas para a pessoa que as aceita fazendo-a se sentir fisicamente mal.

Nós lhes pedimos que pensem. Nós lhes daremos uma descrição, um símile das energias. Vocês têm uma garrafa transparente com água. Ponham um pouco de óleo dentro dela e verão o óleo fragmentar-se em pequenos glóbulos. Os glóbulos se juntarão uns aos outros e assim se formarão padrões. Por mais que sacudam a garrafa, nenhuma gota do óleo desaparecerá. É assim a energia. Nunca desaparece.

Muitas pessoas se interessarão pelo que estamos dizendo porque desejam informações sobre o modo como se verifica essa transição agora, ou melhor, sobre os desastres que podem sobrevir. Temos para nós que não é saudável dar a conhecer, de um modo geral, esse tipo de pormenor. A esta altura, vocês precisam aprender a se elevar acima das suas negatividades, e nada faremos para agravá-las embora existam outras informações destinadas aos que podem verdadeira e corretamente aceitá-las. No que se refere a desastres, todavia, haverá alguma eliminação por esse método, mas não se esqueçam, queridos filhos, de que nenhuma energia desaparece. Nada se desperdiça. E até nos desastres, nas guerras e na fome, a energia da alma segue o seu caminho, continua a viver e a respirar. Perde-se a identidade humana comum, mas toda identidade agora será removida, sejam quais forem as circunstâncias. Até as mentes estreitas e rígidas dos homens notam e sentem o que nós lhes descrevemos como o "vento da mudança". É uma alegria. É um momento de iluminação. Um momento de liberação. Um momento de expansão.

O objetivo mais importante destas palavras, que lhes chegam através da "canalizadora" de vocês, é convencê-los a olhar para dentro de si mesmos em vez de olhar para fora de si. Queremos que as pessoas olhem para dentro, que se apoderem desse vento da mudança e afastem de si as negatividades — de modo que possam liberar-se no céu. Isso é que é importante.

Vocês estão recebendo ajuda. O globo terrestre está recebendo ajuda. Já lhes falamos de algumas energias intervenientes, além das de vocês, que pairam em torno da Terra. Não fiquem preocupados, pois vocês têm um anel de proteção ao seu redor e este planeta não será destruído. Dizemos isso com absoluta certeza, baseados num conhecimento direto. O globo terrestre não será destruído enquanto não chegar a um ponto em sua evolução em que perderá todo e qualquer significado. Mas isso não será agora. A proteção vem em forma de energia. Alguns seres de outros mundos estão se acercando de vocês. Eles os observam e os ajudam, fascinados que estão por vocês. Voltamos a lembrar-lhes, ainda uma vez, da unicidade que caracteriza a condição humana.

Não tardará a chegar o momento em que vocês precisarão muito da ajuda desses seres, e que estabelecerão contato de maneira muito real e prática. A consciência das pessoas já está sendo preparada para aceitar esse fato, por intermédio das imagens, da mídia de vocês. Mas a maior parte da transição provirá do crescimento individual. Os seres e a energia existentes fora do globo terrestre são como mães que observam os filhos dando os primeiros passos sozinhos.

É decepcionante o fato de vocês terem criado tão grande número de partículas negativas à volta deste planeta; elas precisam ser dissolvidas. Serão arrastadas para áreas especiais com a ajuda da energia que paira acima do globo terrestre e de todos os seres superiores que nele se encontram. Esses seres dissolverão, de uma vez por todas, as partículas negativas causadoras de tantos problemas para vocês.

Toda partícula negativa liberada na atmosfera deveria dissolver-se na Luz da verdade. No transcurso, porém, dos éons do tempo elas se acumularam e se tornaram muito densas sobre a Terra. Não obstante, sempre houve almas superiores e, por vezes, energias de outros planetas, empenhadas em ajudar a dissipar a negatividade. Vocês podem imaginar a dificuldade que elas enfrentam, e vocês lhes devem muito, pois períodos houve em que a negatividade era como uma nuvem negra e impenetrável, e este planeta e as pessoas que o habitavam poderiam ter desaparecido para sempre dentro dela.

Agora, a Luz está chegando; na verdade, a Luz está aqui, e alguns de vocês realmente a sentem. Expostas à Luz, as partículas negativas cristalóides da atmosfera refletem essa Luz e, assim, perdem a sua negatividade, que se dissolve. É o que está acontecendo, e vocês poderão observá-lo dia após dia, o que é emocionante. É uma alegria.

Aqueles dentre vocês que superaram o nível de negatividade precisam continuar, e continuarão o trabalho de irradiar Luz ao seu redor, ajudando outros que estão próximos de vocês a fazer o mesmo por outros que estão perto deles, e assim por diante. É o mesmo que espalhar uma infecção, uma infecção de Luz, e até no canto mais escuro, a mais fina das velas é uma placa de sinalização que aponta para a frente. Sejam vigilantes. Sejam fortes.

É importante para vocês compreender as energias e o modo como elas atuam. Vocês sabem como se forma a eletricidade; às vezes a partir de um combustível, às vezes a partir da água e, às vezes, do próprio Sol. São vários os níveis de energias que atuam, cada qual à sua maneira, mas todos visam ao resultado final — a saber, quando você toca de leve no interruptor, a lâmpada se acende. Chamaremos vocês de guerreiros da Luz, mas nisso não há nenhum combate envolvido, senão aceitação e ascensão a um nível superior.

Sabemos que vocês sentem piedade e simpatia quando têm notícia de pessoas em lugares remotos, entregues à dor e ao sofrimento. Vocês querem ajudar. Podem ajudar, queridos filhos, por essa infusão da Luz que há dentro de vocês. Como vêem, não existe, realmente, o que se poderia denominar uma alma perversa. Uma pessoa só pode ser má no sentido de haver absorvido toda a energia negativa que envolve e mascara a alma. Mas a alma e a sua energia ainda estão lá. A Luz ainda está lá. As mentes e os pensamentos negativos provocam a destruição de algumas pessoas e particularmente de grupos de pessoas que atraíram a negatividade. Se usarem a sensibilidade, vocês conseguirão perceber essa atração negativa. E podem descrevê-la como o mal, mas a alma não é má. A alma apenas é.

Se a alma tiver sido envolvida pela escuridão numa determinada existência, é evidente que não pôde crescer naquela vida, o que significa que não progrediu. Portanto, a força da personalidade, ou imagem, a acompanha em sua fase temporária de espírito e, logo, a alma renasce. Hitler, que talvez seja atualmente o epítome do mal para vocês, é um exemplo dessa circunstância. Hitler morreu de morte violenta. Viveu na escuridão, envolto na mente que se comprazia na energia negativa. Encontrou força nessa energia, cuja imagem era imensa para ele. Hitler era tudo o que vocês sabem a respeito dele — arrogante, presunçoso, dominador — e, mesmo assim, sua alma era Luz. Presa numa armadilha, só se liberou pela morte violenta. Não lhe tendo sido permitido crescer, atrofiou-se. Foi para o espírito e ali (usando termos que vocês entendem) foi "zelada". Mas não podia retornar à Fonte porque a energia, o magnetismo dela, não se expandira de modo que lhe permitisse esse retorno.

Pouco a pouco, com a devida ajuda, a personalidade-imagem de Hitler, tão forte no conhecimento da alma, em espírito, se dissipará até certo ponto. Sua alma, com efeito, reencarnou; podemos contar-lhes isso. Quando ela foi preparada (pedimos-lhes que compreendam que a palavra não diz exatamente o que queremos dizer, mas há de servir) — quando ela foi preparada em espírito para voltar ao globo terrestre, foi dada a ela uma oportunidade para crescer. Em verdade, essa alma é uma criança neste momento. Não terá nada da personalidade anterior. Será uma criança comum, que passa por situações difíceis, mas com a mãe amorosa e com algum conforto proporcionado pelo pai, poderá crescer. Isso os surpreende. Vocês acham que a destruição que ela causou no passado devia ser punida. Mas já não é punição suficiente não poder se expandir?

Às vezes, pessoas más, ou que atraíram para si mesmas a negatividade, são cidadãs comuns quando retornam ao mundo. A alma paga por meio do seu crescimento limitado, atrofiado. Imaginem por um momento que vocês são criancinhas, meninas e meninos pequenos, obrigados a viver numa caixa de ferro, na escuridão, sem nenhuma espécie de Luz. Não cresceriam fortes. É assim que a alma se atrofia.

Não existe, nem nunca existiu, castigo como vocês o compreendem. Energia negativa atrai energia negativa. A alma de Hitler é agora uma criança da América do Sul, que nasceu numa família pobre. Uma criança doente, fisicamente doente, que não está morrendo de fome, mas que já passou fome muitas vezes. A mãe ama o filho. Por ter sido uma alma acostumada à escuridão, existe o perigo, que ocorre com freqüência, de que a alma atraia para si mais escuridão numa vida futura mais distante, e a isso vocês chamam Karma, a lei da Causa e Efeito. A criança com a alma de Hitler nunca será conhecida do mundo. Agora lhe é dada uma oportunidade de crescimento. Precisa abandonar, de uma vez por todas, a tendência de aceitar a escuridão à sua volta.

Vocês indagam a respeito do equilíbrio entre a Luz e as trevas em vocês mesmos, e se o lado escuro de cada um será agora eliminado. Como hão de compreender, a resposta é simplesmente sim. Temos tentado transmitir-lhes a realidade da grande energia que conserva dentro de si a energia da alma. Ela não contém escuridão. Há um estranho equilíbrio, na Terra, entre Luz e escuridão, causado originalmente pelo conceito que os homens primitivos formavam da noite e do dia, mas não existe no mundo escuridão verdadeira. Não afirmamos que ela esteja desaparecendo, senão que não há notícia de que tenha realmente existido algum dia.

Vocês querem saber o que era a energia conhecida como Demônio, que tentou a Cristo no deserto. Lembram-se de que essa alma realmente excelsa, Cristo, teve de lidar com todas as coisas inferiores da condição humana. Foi porventura a mais vigorosa realização em forma humana, até então, de Deus no Homem. Mas, queridos filhos, Ele não era perfeito. Era um homem evoluído. Para Ele, o incidente do deserto foi menos uma experiência de tentação do que o reconhecimento das trevas — as partículas negras, a negatividade — e o Seu conhecimento final e irrevogável de que não podia tomar parte naquilo. Não se tratava da tentação feita por um homem com chifres na cabeça, como vocês concebem o diabo. Essa imagem é tão-só uma personificação das partículas negativas de que falamos. É mais fácil para alguns dar-lhes uma forma personificada, mas, na verdade, não é isso o que ocorre.

Cristo desejava aquela prova. Atraiu-a para si, e saiu dela com a alma expandida — até a alma de Cristo se desenvolveu durante a vida. Vocês falam nEle como se tivesse morrido na cruz em prol da humanidade, mas o fato é que Ele morreu na cruz porque a imagem ou personalidade dEle era tão forte que ensejou a oportunidade de rejeitar a escuridão, transformando-a em Luz, o que quer dizer que a personalidade precisa morrer para trazer para si a Luz.

A imagem de Cristo morrendo em meio a dores e sofrimento em prol do mundo inspirou e deu coragem a algumas pessoas para prosseguir na sua evolução. Mas agora, nos tempos atuais, vocês têm a oportunidade de ser o seu próprio Cristo.

• 5 •

Expansão

Em lugar de retroceder, como devia estar fazendo agora, o medo cresce entre os povos do mundo inteiro. Já se deram alguns acontecimentos extraordinários no início do tempo de mudança e as pessoas puderam ver por si mesmas que alguma coisa muito inusitada está ocorrendo. Existe também uma quantidade cada vez maior de pessoas incapazes de enfrentar com sucesso as novas energias que estão chegando; elas são afetadas mental e emocionalmente, e as clínicas e hospitais deste mundo continuarão lotados. Algumas pessoas que começam a ficar com medo não querem sequer sair de casa. São até capazes de privar-se das necessidades da sua vida cotidiana para evitar fazê-lo. Neste ano de 1990, por exemplo, as condições atmosféricas serão singulares. Já se têm registrado terremotos, chuvas, ventos, maremotos; enchentes onde normalmente não ocorriam.

Se bem que não deva ser unânime a idéia de que alguma coisa radical está sucedendo, no interior da maioria das formas de vida haverá uma verdadeira percepção dela. Todas as pessoas estão sendo estimuladas, em todos os países. As palavras que transmitimos destinam-se em particular a este tempo. Que podem fazer as pessoas? Como já dissemos, algumas não poderão ser ajudadas, não poderão livrar-se da negatividade porque a energia da alma delas é fraca; outras, destemidas, compreendem e avançam na direção da Luz; e entre os dois grupos haverá as que ficarão no meio, hesitantes, preocupadas, e até se atormentarão, mas, felizmente, não serão dominadas pelo pânico. Para cada pessoa existe um caminho diferente, e cabe àqueles que não decidiram que caminho tomar expandir a energia da própria alma para fazer desaparecer a negatividade. Mais do que tudo, essas pessoas precisam aprender a cultivar o silêncio, a serenidade íntima. Alguma forma de meditação será de enorme auxílio. Elas não poderão lançar de si a negatividade e tampouco deixar de tomar conhecimento dela nem escondê-la.

A estimulação da energia da alma, neste momento, fará com que ela irradie força e Luz e dissipe as partículas ou cristais negativos nos diferentes níveis humanos — sobretudo no mental. Pedimos a todos vocês que se identifiquem com a serenidade e com a Luz, que as toquem e respirem — e confiem; que confiem menos em Deus, do que no Deus que existe dentro de vocês, pois a isso se destina o tempo de transição. A isso se refere a consciência de Cristo: Deus em forma humana. Já é chegada a hora de reconhecer e compreender plenamente, afinal, que vocês mesmos são Deus e que a energia da alma é uma síntese do que chamam de Fonte Divina.

Sempre que houver preocupação ou medo nós sugerimos que vocês se sentem, aquietem a mente, concentremse na Luz, na energia, na serenidade interior e se empenhem, a cada respiração, em expandir essa Luz. Isso se fará com muita facilidade se admitirem a necessidade de agir dessa forma. Essa prática representa, pura e simplesmente, a energia da alma que se expande pronta e suavemente, o que por si só dissipará a negatividade.

Pedimos a todos que examinem os seus piores medos e saibam que podem passar por todos eles e superá-los, para que nada mais volte a ser "ruim". Sabemos que a maioria de vocês tem medo da morte e da dor, mas muitos conhecimentos se foram acumulando através dos séculos no sentido de varrer da vida de vocês o medo da morte. A alma, o espírito de vocês, continua vivendo. O corpo e a imagem não passam de uma ilusão. A dor é uma consideração mais difícil. Ninguém quer saber dela e, na verdade, ninguém deseja que os outros sejam atormentados por ela. À proporção que cresce em vocês, a energia estimulada vai dissolvendo a ilusão do corpo e da imagem. Depois disso, o corpo funcionará mais harmoniosamente e deixará de contrair doenças. As enfermidades já não serão atraídas pelos de energia superior, de modo que a dor desaparecerá deste mundo.

Os que podem alcançar esse nível mais elevado chegarão a um ponto em que, mesmo diante de alguém com uma faca na mão disposto a matá-los, não sentirão medo — muito embora, na realidade, o nível de energia que emana da pessoa "mais evoluída" obstasse a uma ocorrência dessa natureza.

Já nos referimos à acentuada diferença que vocês notarão, nos próximos meses e anos, entre os que se elevam em energia e os que não se elevam. As pessoas que forem "deixadas para trás" serão como o sedimento no fundo do mar, ao passo que os outros, erguendo-se até o topo, respirarão a atmosfera da nova Luz, da nova esperança, da nova radiância. Assim sendo, queridos filhos, enfrentem o medo. O medo é a principal razão por que estamos falando com vocês.

À medida que o tempo passa, haverá mais e mais "canalizações" de informações provenientes de fora da Terra. Finalmente, todos serão capazes de canalizar suas próprias informações. Pedimos-lhes que visualizem uma estrela de seis pontas formada por dois triângulos, um deles invertido, colocados um em cima do outro. Vejam-se de pé, no centro do espaço formado pelos triângulos, enquanto a ponta superior da estrela os liga à Fonte, e a linha básica do triângulo lhes passa de um lado a outro do corpo, logo acima do plexo solar. Pensem num fluxo poderoso de informações, energia e Luz que desce para vocês vindo do alto. Os que tiverem afugentado o medo serão capazes de fazer isso e obter suas próprias informações canalizadas. Não se trata de um procedimento seleto, elitista — pois está franqueado a todos.

Dentro dos dois triângulos da estrela há uma síntese da energia de vocês, os indivíduos, e do Pensamento Original. Haverá alguma diferença no enfoque e no estilo das informações canalizadas, e isso dependerá da pessoa em questão, mas o fundamento de todo o conhecimento procurado e derivado desse modo será digno de confiança. Está visto que a canalização não é nenhuma novidade. Há muitos éons existem canalizadores no planeta que vocês habitam. Mas a novidade é que aqueles que avançam para o que vocês denominam a Nova Era serão capazes de "sintonizar" a Verdade perfeita. Haverá sintonização em toda a parte.

Nós mesmos podemos ver nitidamente o nível da energia dentro de cada pessoa. Somos capazes de vê-lo expandir-se e crescer, e essa visão é uma delícia para nós.

A energia dos que expandiram a sua Luz combina-se (e combinar-se-á) com a energia que está sendo atraída para o globo terrestre. Já tivemos chance de falar numa força que está intervindo nesta ocasião. Trata-se de uma intervenção positiva, deliberada, relacionada com as energias mais elevadas atraídas por ela, energias similares, algumas das quais provêm do Pensamento Original. Algumas procedem de outros seres de energia vital que habitam outros planetas. A presença desses outros seres já foi detectada, trata-se de uma presença muito real. As energias desses seres e a nossa energia vão pairar juntas no ar até o magnetismo ou a atração entre elas ter alcançado um grau que lhes faculte combinarem-se numa forma nova, equilibrada — como a forma abrangente da estrela de seis pontas que emergiu dos dois triângulos separados. A combinação das forças é uma síntese. A nova energia fluirá em torno da Terra como uma espécie de cura, uma energia dispersante.

Vocês ainda não imaginam como será este planeta no futuro, vocês que viveram, durante muitas gerações, uma vida encoberta por partículas negativas. O globo terrestre estará livre delas e será Luz. Haverá, portanto, uma espécie de perfeição. A relva continuará verde, as árvores ainda terão folhas, continuarão a existir animais e outras coisas vivas, mas algumas espécies desaparecerão e outras evoluirão ainda mais.

Isso não quer dizer que a Terra deixará de progredir. A evolução e o crescimento nunca terão fim. Mas de um modo muito geral, esta época assiste ao princípio do que vocês chamariam o paraíso. Nós lhes damos a imagem de um planeta coberto de Luz e de vegetação luxuriante, árvores sem pragas, pessoas sem doenças. Alguns dentre os que estão em conflito consigo mesmos admitiriam prontamente que esse tipo de mundo não se ajustaria a eles.

Já tivemos oportunidade de falar de um homem chamado Hitler e tentamos explicar-lhes como as suas energias positivas foram completamente dominadas. Ele se aprazia com a própria negatividade; dela hauriu poder. Existem hoje os que gostariam de lograr poder e não odiariam ter de comandar essa força negativa. São pessoas que não podem expandir, nem expandirão a alma e, por conseguinte, não tornarão a viver neste mundo.

Falamos de uma "infecção" de energias. Quando a expansão principia, toma impulso tão depressa que alguns de vocês não serão capazes de acompanhar-lhe o ritmo. À medida, porém, que o impulso for aumentando, um número cada vez maior de almas se expandirá. Quanto maior o número de almas expandidas, maior será o número de almas que poderão expandir-se. A infecção, na realidade, é uma infusão de energia. Existem almas no que vocês chamam de espírito, que compreendem muito bem o que está acontecendo. Algumas dessas almas elevadas trabalham com várias pessoas encarregadas de guiá-los. Vocês falam em "guias", e é verdade que existem guias para ajudar. Mas precisamos dizer, com alguma relutância, que surgirá um tempo, depois dessa transição, em que não haverá um lugar separado para o espírito. O lugar do espírito, por si mesmo, é um "lar" temporário que, no final, já não será necessário.

A imagem humana, o ego, está desaparecendo. Não continuará a viver. Mas repetimos que todas as experiências são levadas a efeito e conservadas na alma, como um programa de computador. Nenhuma experiência se perde jamais para a alma, mas a imagem, ou identidade, que passou por ela dissolve-se depressa. Não haverá então necessidade de buscar contato com guias nem com os que estão no espírito. Com efeito, não haverá nenhuma alma elevada em espírito porque, a essa altura, quando a morte ocorrer, é muito provável que a alma vá diretamente para a Fonte. A morte do corpo será então menos freqüente, mercê da nova força; estamos falando de um tempo meio parecido com o daqui a dez, quinze ou vinte anos. As pessoas que avançarem para esse tempo cantarão juntas em harmonia, dominarão juntas, *permanecerão* juntas.

Os homens acalentaram ideais de nações unidas, de um

mundo unido: Utopia. Tentaram realizá-los usando formas inadequadas de governo, políticas e políticos. Até agora, isso nunca funcionou devido à tentação do ego, mas eu lhes afianço que vocês terão logo, de fato, uma comunidade perfeita.

Finalmente, não haverá necessidade de comunicação elétrica de espécie alguma. Por que dependerem de um instrumento externo se vocês têm um instrumento muito melhor dentro de vocês, com o qual poderão comunicar-se com outras pessoas? Tampouco haverá precisão de veículos mecânicos. Por que entrar num veículo desajeitado quando vocês têm, dentro de si, um veículo que os deixará onde quiserem, num instante? E também não haverá necessidade de pássaros metálicos no céu porque todos serão capazes de voar. Vocês podem supor que isso é apenas imaginação poética da nossa parte, mas nós lhes afirmamos que tudo é real.

Os que dentre vocês se expandirem na Luz hão de notar como se ajustarão bem. Já não contrairão moléstias nem males de qualquer espécie e, se for preciso, o corpo curará a si próprio. Isso se deve à energia.

Vocês falam no bem e em Deus. Algumas pessoas olharão para vocês como seres "expandidos", como o diabo encarnado, ou como um truque qualquer da Luz ou do diabo. Mas o diabo não existe. Vocês têm anjos à sua volta, anjos da Luz, nestes tempos momentosos. Com a liberação da força pesada, à proporção que ela afunda e se dissolve no mar de Luz, vocês se altearão para coisas mais elevadas.

Vocês falam em amor. O amor destituído de emoção humana é tão puro, tão belo e tão grande, que se situa além da percepção de vocês. E muito embora vocês não venham a sentir verdadeiramente a beleza total desse amor enquanto não tiverem evoluído até acima do ponto que descrevemos, começarão, no devido tempo, a ver o reflexo desse amor.

Vocês falam em se preocupar com os outros, e há muitos que se preocupam, mas entre eles há os que o fazem por motivos pessoais, movidos por um propósito egoísta. Isso não é amor. Nós lhes asseguramos que, depois da transição, todos se interessarão naturalmente uns pelos outros porque saberão que os outros são parte de vocês.

Vocês falam em almas gêmeas, o sentimento da ligação com Deus quando duas almas da mesma energia superior se encontram. Nós lhes afirmamos que isso é o que todos viverão — um encontro de almas.

Estejam sempre alertas com relação aos animais. Os cães são particularmente susceptíveis às correntes de negatividade e de medo e, por isso, acautelem-se deles, porque eles se tornarão mais agressivos. Aqueles dentre vocês que expandirem sua energia não precisam temer mordidas de cachorros. A própria energia de vocês desviará a agressão. Os cães irão enraivecer. Deixem os animais que optarem pela extinção morrer como quiserem. Não se metam com eles, aplicando-lhes injeções ou drogas. O tempo deles estará acabado e o trabalho feito.

As massas de terra se alterarão e será mister desenhar

mapas diferentes, mas nós nos referimos a um nível constante de energia em todo o Cosmo, e haverá então no globo terrestre quase a mesma proporção entre terra e mar que há hoje. Nenhuma energia se destrói jamais, apenas muda e, como vocês sabem agora, estão assistindo a uma mudança de energia neste momento.

Queridos filhos, vocês têm dentro de si o potencial para deixar crescer a Luz perfeita e, sem embargo disso, vocês têm feito muito mal aos animais. Vejam os elefantes, por exemplo; eles o sentem e bramam. Mas não se arreceiem, pois vocês também lhes deram força. Existe Deus em todas as coisas vivas.

Queridos filhos, vocês não precisarão de governo; Haverá, com efeito, um governo pelo povo. Haverá unidade. Podemos afirmar-lhes, sem sombra de dúvida, que não haverá líderes. Todos liderarão e todos servirão.

Já aludimos a uma mudança no clima, que afastará algumas das razões para viver numa casa. Mas vocês ainda terão uma espécie de lar, embora a forma e o tamanho das casas possam ser diferentes. Não haverá criminosos, de modo que vocês não precisarão de cadeados nem de chaves. Pelo fato de ser o clima mais ameno, não será preciso fechar as janelas. Essa mudança acontecerá pouco a pouco, à medida que as necessidades de vocês forem se alterando. As mudanças gradativas nas residências, das quais falamos, produzir-se-ão depois do tempo de transição.

Imaginem apenas o que pode ser realizado na liberdade da harmonia perfeita. Não haverá estagnação, unicamente desenvolvimento. E será o desenvolvimento de vocês, do modo e no tempo de vocês.

As crianças vão à escola agora para aprender a ler, a escrever, e elas, então, continuarão aprendendo essas coisas. A escrita continuará sendo necessária, mas existem muitas outras coisas que as crianças aprendem agora na escola que já não serão necessárias, de modo que, finalmente, não serão ensinadas. Vocês não têm de ensinar um bebê a se alimentar, porque ele já sabe. Assim será então. Não temam as mudanças; elas são dramáticas mas, quando não forem mais necessárias, desaparecerão no curso natural de acontecimentos. As crianças serão ensinadas pelos pais, pelas pessoas que as cercam e pela escola da vida. Lembrem-se de que os filhos de vocês serão mais evoluídos e mais fortes do que vocês próprios, e todos viverão mais tempo.

Temos de falar agora especificamente do tempo de transição. Dando a conhecer aos outros as datas certas, vocês poderão fazer mais mal do que bem, mas nós lhes diremos que, por volta do ano 2001, verão e viverão alguma coisa da Nova Era, que já descrevemos em parte. A ruptura e o afundamento do peso da negatividade e do medo serão acelerados a partir do ano que vem; conhecer datas particulares não é relevante nem importante. Tudo acontecerá como a pedra que rola por um rochedo abaixo e cuja queda se acelera; dizer que a pedra estará em certo lugar num dado momento é inútil. Se nós lhes déssemos datas precisas vocês poderiam concentrar a negatividade e, em verdade, destruir a oportunidade de crescimento. Vocês terão de sintonizar-se a fim de saber o que fazer.

Dêem um passo de cada vez e a cada passo vocês se expandirão. E como cada passo se torna mais suave e mais fácil, acabarão correndo em liberdade, sem dor, sem sofrimento, sem esforço.

• 6 •

Discernimento

Vocês, gente da Terra, precisaram e desejaram por muito tempo personificar tudo. Falam em Deus como se fosse uma pessoa. Falam no diabo como se fosse uma pessoa. Toda força negativa atraída por uma pessoa ou por um lugar é percebida por vocês em seus níveis interiores como escuridão e frio e deles decorre o medo. A seguir, pinta-se tudo isso na mente, em forma humana, como um monstro horrível, cruel e mau.

Há perigo nisso. Não pensem nas partículas negativas da atmosfera como se fossem uma nuvem que muda de forma e pode ser afeiçoada em figuras más. Quando as energias negativas são encaradas dessa forma, adquirem vida própria. Isso tem acontecido com freqüência. As pessoas têm até usado conscientemente os cristais negativos para criar seus próprios monstros em forma humanóide, dando-lhes nomes. Um ser dessa natureza tem energia própria, negativa, embora não possa viver por si só. Subsiste apenas no pensamento negativo da pessoa de que se originou e na sua atração negativa. É, todavia, uma criatura capaz de agir e de fazer malefícios em favor daquele que o "alimenta".

Eis aqui, portanto, o dilema: uma entidade feita de mal, que não vive nem respira do mesmo modo que vocês, mas que, mesmo assim, existe e tem poder. Geralmente, quando a pessoa que o criou (seja de caso pensado, seja através do próprio medo) morre, ou o afasta de si, a entidade se dissolve. Algumas entidades más, contudo, são formadas tão robustamente que têm passado de geração em geração. O nome que vocês dão às pessoas que criam deliberadamente esses seres negativos é "mágicos". Alguns, pouquíssimos, compreendem bem o que estão fazendo.

Ocorre um padrão semelhante com as pessoas que não criam seres de caso pensado, mas deixam entrar a força negativa em determinado momento e criam sem querer, dentro de si mesmas, um sentimento negativo tão forte que se transforma em entidade. Esses seres planejados têm causado muito mal, e a aliança firmada entre eles e as pessoas que os originaram é sempre uma aliança infeliz. Assim como descrevemos a maneira como os cristais negativos podem ser dissolvidos por intermédio da Luz, assim também essas entidades podem ser fragmentadas em partículas separadas e dissolvidas na Luz.

Houve um período em particular na história de vocês em que o medo — causado por estreiteza da mente, pela intolerância, pelos ressentimentos e pela ânsia de poder — foi tão grande que seres de força negativa eram comuníssimos neste planeta. A Luz, no entanto, prevaleceu. Repetimos a vocês que esses seres só podem advir da negatividade existente dentro de cada pessoa, e agora, neste momento, eles já são menos comuns, posto que ainda existam.

Dissemos muita coisa sobre o medo e sobre a grande necessidade, nesta ocasião, de dissipá-lo. Pedimos a vocês que reflitam sobre o que lhes dissemos e compreendam como podem ser perigosos e destrutivos os "monstros" negativos, uma vez criados. Não esqueçam, porém, queridos filhos, que eles só podem ser criados a partir da negatividade e do medo.

Também têm sido criadas personificações a partir da Luz, embora de um modo diferente. À conta do desejo que têm de seres perfeitos, santos ou messias, vocês vêm projetando pensamentos de perfeição, de Luz e de verdade em certas pessoas (em geral "mortas") que presumiram ou sentiram feitos de bondade (e a maioria realmente o foi). Dessa forma, a energia da Luz foi dirigida para pessoas reais. Entretanto, por ser tão forte, o anseio de personificar o bem passou a ser um desejo de ligar-se a nada menos que a deuses, e a energia humana criou muitas figuras semelhantes a um deus a partir de pessoas boas, mas comuns.

Vocês colocaram um fardo pesado sobre essas almas, a maioria das quais está "morta" e, em conseqüência dos pensamentos e desejos de vocês, por mais positivos que tenham sido, essas almas não puderam continuar avançando. Elas têm-se mostrado dispostas a aceitar a situação, no intuito de guiá-los e confortá-los, mas já soou a hora, queridos filhos, de vocês deixarem de procurar fora de si mesmos deuses ou diabos. Vocês precisam olhar para dentro e o farão. De que outra maneira, queridos filhos, poderão continuar avançando?

Mais uma vez, a questão é de energia. Imaginem por um momento a quantidade de energia projetada nos santos e nos deuses de muitos nomes. Pensem, por um momento, em quantas preces já foram endereçadas, na fé cristã, a Cristo e à mulher que vocês chamam de Nossa Senhora. Calculem a soma de energia empregada na deificação deles e dos santos. Por serem seres verdadeiramente elevados, destinaram-se a servir e continuariam a fazê-lo de boa vontade se isso fosse saudável e prudente, sem nenhuma aversão, arrependimento ou amargura — mas eles sabem, como nós sabemos, que esse tempo terminou.

Falamos em intervenção. Nós intervimos para aclarar ou neutralizar energias negativas. Descascamo-las de vocês, como se tirássemos a pele, porque a excelência do fruto está debaixo dela — mas isso acontece dentro de cada pessoa. Tal é a nossa intervenção, que não pode ser feita para todos ao mesmo tempo, como se brandíssemos uma varinha de condão. Cumpre que se faça individualmente. Há uma elevação e uma expansão da energia da alma que alcançam um ponto em que deixa de existir a necessidade de deuses exteriores.

Existem muitas coisas que detêm a expansão da alma e a maior delas é o medo. No entanto, queridos filhos, se voltarem o pensamento para o conceito e para a realidade integrais das energias — como se movem, como exercem sua propriedade de atração, de onde vêm, para onde vão — e souberem cooperar com elas, tudo se tornará muito fácil.

Correntes de energias sempre existiram, quer tenham sido compreendidas, quer não. No passado, vocês lhes deram diferentes nomes. Entre elas, deram nomes aos diabos e deram nomes aos deuses. Estamos agora tirando os nomes de vocês porque energia não tem nome. Apenas é.

Outros seres deste planeta também foram afetados por esse padrão. Todas as coisas vivas sofrem a sua influência. Vocês acham estranho falarmos de rochas e de pedras como se fossem coisas vivas, mas elas são vivas e estão sendo afetadas. Se vocês aumentarem a temperatura debaixo de uma chaleira, ela ferverá e lançará a tampa para os ares. Isso é o que pode acontecer, e acontecerá, em todas as suas estruturas — movimento e mudança com a mudança da energia; mas não tenham medo, pois se trata, de fato, de uma progressão natural, ainda que estejamos falando em intervenção. O planeta de vocês é como uma chaleira que está sendo manipulada. À medida que a energia sobe verifica-se uma espécie de fervura. É uma perturbação, mas, aos olhos de vocês, toda perturbação é negativa. Esta, todavia, é positiva; ela modifica, move e impele todas as coisas vivas.

Ela existe até na menor partícula do solo de vocês. Entrem numa floresta, mantenham-se quietos por um instante e liguem-se à energia da terra. Sintam-na — através das plantas dos pés e das árvores. Existem criaturas e plantas na Terra. Vocês podem sentir a energia e a vida na Terra e, assim como alguns de vocês realmente percebem dentro de si a mudança e a energia intensificada, assim também acontece com a Terra. Ela está mudando e variando. O solo se moverá; as rochas se moverão; as árvores se moverão. O clima mudará. Mas a mudança, ou perturbação, não será má.

Nós sopramos o vento da nova energia na direção de vocês, o sopro da energia nova. Isso já começou. E haverá só um curto espaço de tempo antes que o sopro de energia deixe de ser dirigido para vocês. Ele se destina a fazê-los voar, a deixar que vocês decolem e, à medida que ganharem asas, vocês voarão por conta própria.

Alguns de vocês estão interessados em outros planetas e em extraterrestres. Outros seres em outros planetas conhecem o vento da mudança que está soprando. Em alguns mundos ele já influiu em parte da evolução particular desses seres, de modo que estes já completaram a mudança e o vento se foi. Voltamos a chamar-lhes a atenção para o interesse de outros seres pelo globo terrestre como se vocês fossem um "caso especial". A maioria deles sabe que toda a energia está no interior de todas as coisas vivas e faz parte de um poder unificado. Eles também sabem que estão ligados a vocês, e alguns de vocês já estão descobrindo suas ligações com eles.

Infelizmente, em razão do tremendo desejo que têm de personificar e "dar nomes", alguns de vocês colocaram a energia do pensamento dos seus "deuses" ou "diabos" nos seres de outros planetas. Para esses seres isso é muito estranho, mas eles estão curiosos para conhecer o pensamento e as energias que vocês lhes mandam. De tal sorte que foram atraídos para vocês e alguns os estão contactando de maneira muito parecida ao modo com que nós agora lhes falamos. Aprendam com eles, mas nós lhes pedimos que não façam deles novos deuses. A mente deles foi estimulada, e eles querem fazer descobertas.

Algumas pessoas seriam capazes de dissecar esses seres na tentativa de compreendê-los. Queridos filhos, vocês já vêm dissecando os deuses de vocês há um tempo demasiado longo. Aprendam o que puderem: percebam a presença deles e abram a mente para a curiosidade e para o conhecimento que eles podem trazer. Mas não os cortem em pedacinhos e não tornem a criar entidades negativas. Não desejamos ver essa situação, porque os deuses de vocês precisam ser dissolvidos. O desejo que vocês têm é tão forte que poderiam simplesmente transferi-lo de um nome para outro. *Não existem novos deuses*.

Os seres de outros planetas são diferentes de vocês. Muitos (e particularmente aqueles com os quais alguns de vocês estabeleceram contato) são realmente seres de Luz. Evoluíram, mas não passaram necessariamente pela mesma evolução de vocês. Como já dissemos, vocês são únicos. Uma só mudança, por menor que seja, na cadeia da evolução faz uma enorme diferença.

Quando esses seres estão em contato com vocês, alguns penetram em seu interior. A primeira coisa em que reparam em vocês é a falta de energia no cérebro, que tem menos que a sexta parte da energia deles. Estão abismados. "Como podem esses seres da Terra fazer alguma coisa com tão pouca atividade mental?"

Em seguida, eles sentem a força física de que vocês são dotados e se preocupam, porque esses seres não são físicos no sentido em que vocês são. Eles se dão conta da força física de vocês e não sentem medo, pelo menos não sentem como vocês, mas preocupam-se. Mais ou menos como se vocês se imaginassem um dinossauro, com a força e o poder característicos dessa criatura.

Eles se dão conta também das emoções que vocês sentem. Eles se sentem perturbados por isso e não as compreendem. Eles não dispõem de nada que possam usar como referência para entender as emoções, porque estas constituem um aspecto da vida com o qual eles nunca tiveram de lidar.

Eles inspiram através da Luz. Não têm órgãos, como vocês os compreendem. Têm uma tremenda percepção da atividade do cérebro, e percebem, por intermédio do nível da atividade cerebral, o que vocês percebem na forma física; eles podem "traduzir" essas informações, mas as emoções são coisas que eles não compreendem. Estamos descrevendo um gênero de ser, com o qual vocês estão mais em contato em virtude da íntima atração das suas energias. *Vocês* estão começando a respirar na Luz, e eles são seres de Luz. Estão interessados, e foi através da atração que sentem, como de igual para igual, que estabeleceram contato com vocês.

Esses seres não pretendem fazer-lhes nenhum mal, mas acontece que eles não os compreendem. Não conhecem o tipo de amor emocional de vocês. Conhecem a carência e conhecem a solicitude. Existe aqui um processo de aprendizado para eles e para vocês, e embora ainda não tenham chegado à conclusão do processo, descobrirão que, em muitos sentidos, vocês são maiores do que eles. Eles estão a ponto de desenvolver não as emoções, mas o amor de vocês. Vocês estão a ponto de se elevar, acima das emoções inferiores, aos níveis mais altos do amor puro, de modo que ambos acabarão se encontrando e haverá uma fusão de energias.

Vocês perguntaram se eles viverão no meio de vocês, mas, em face da enorme diferença no modo como respiram e da força vital deles, isso não é possível, pelo menos de forma permanente — mas eles podem estar com vocês em espírito e em alma. Vocês encontraram agora, queridos filhos, seus primos há muito perdidos, e eles os encontraram. Não os nomeamos, mas o fato é que estão aqui e são reais.

Por meio da curiosidade e da natureza dessas criaturas, feitas em sua maioria do que só podemos descrever-lhes como Luz ou espírito, elas são capazes de entrar em vocês. Quando isso acontece, vocês lhes chamam "almas visitantes". Isso ocorre por efeito da atração, que pode ser, e muitas vezes é, completamente inconsciente para a pessoa em questão. Essas almas visitantes, extremamente raras, sobrevêm em conseqüência de uma espécie de curiosidade ou de uma atração em particular.

Em decorrência desses diferentes exemplos, vocês agora têm conhecimento da realidade que está transpirando. Trata-se de uma reação em cadeia, do começo ao fim do Universo, que diz respeito a todas as coisas vivas, a cada átomo de energia, mas de maneiras diferentes.

• 7 •

O Despertar da Consciência

Nós viemos até vocês em harmonia e unidade. Temos tentado transmitir-lhes a realidade das energias, do magnetismo — e dar ênfase ao fato de que as mudanças levadas a cabo agora dizem respeito à estimulação das energias no interior de cada pessoa. Sempre houve magnetismo entre as forças da vida e ele sempre atuou em diferentes níveis. Existe um tipo de atração no nível da alma, mas existe outro tipo no nível da mente.

A energia mental funciona mais como impulsos elétricos, idéia essa com que vocês já estão familiarizados. A mente de vocês envia continuamente padrões de cargas elétricas — uma freqüência. Há muito tempo se sabe que o pensamento e a vontade de uma pessoa criam para ela a sua própria realidade, que ela usa para superar obstáculos, doenças e outros males físicos. Toda a questão da energia da mente é agora de importância capital, uma vez que a mente exerce influência sobre cada faceta do indivíduo.

A alma funciona como uma espécie de bateria dentro

de vocês. Uma alma clara e não bloqueada facilita a atividade cerebral e proporciona um fortalecimento do corpo espiritual e de amor puro que está além da emoção.

Teremos agora de usar analogias um tanto inadequadas, mas que, no nosso entender, lhes darão uma idéia do que queremos dizer. Se a bateria de vocês (a alma) estiver totalmente encoberta, não liberará sua carga e a corrente não fluirá a contento. Cada pessoa tem um nível particular de energia, ligeiramente diferente do nível das demais. Existem almas com um nível de energia muito baixo, de modo que a escuridão e a negatividade existentes em torno delas é capaz de envolvê-las facilmente. Já falamos nisso antes, quando fizemos alusão ao homem chamado Hitler. A maioria das pessoas já não tem uma energia anímica baixa; tem a alma expandida.

Neste momento, sob o efeito da contínua estimulação vinda de fora, que já descrevemos, a alma ou "bateria" está altamente carregada de energia. Esta, por seu turno, manda impulsos para o corpo e para o cérebro. O cérebro, a mente, é uma terra não cartografada para vocês. Vocês não compreendem de pronto o modo como a energia do cérebro funciona, mas agora darão um grande passo à frente devido a freqüência mais elevada da energia da alma. A mente está sendo carregada de energia, que a impulsionará para a frente e para cima e abrirá portas nunca antes abertas. Quando vocês entram numa sala vazia de uma casa nova, precisam mobiliá-la. Algumas salas abertas agora precisam ser mobiliadas. Precisam ser preenchidas com clareza e leveza.

Neste momento a maioria de vocês ainda não fez senão atarraxar lâmpadas nos soquetes das suas novas salas.

Para vocês, essa é uma abordagem inteiramente nova. No caso de alguns, a súbita mudança de energia é tão grande que eles não podem suportá-la, pois a energia emitida pela mente é poderosa. Vocês podem referir-se a ela como um som, um transmissor, o porta-voz da alma. Essa energia influencia também outras regiões do cérebro, que já tiveram suas portas abertas, de modo que podem sobrevir reações que vocês não compreendem.

O sentido da visão está mais aguçado. Os olhos humanos estão enxergando de maneira diferente. Às vezes, a energia acelerada proporciona-lhes imagens tão nítidas, tão luminosas, que vocês mal suportam fitá-las. Vocês vêem a realidade com olhos de artista. Essa visão aguçada produzirá, pouco a pouco, uma mudança em que vocês serão capazes de ver fisicamente o interior das coisas: a seiva das árvores, os esqueletos, os ossos. Essa mudança já aconteceu a determinadas pessoas. As que sentiram os efeitos dessa visão de raio X podem achar, a princípio, que estão ficando loucas, mas não estão. As outras pessoas podem não acreditar nelas, que podem ser tratadas como embusteiras ou excêntricas, mas loucas não são.

A energia acelerada também se faz sentir na audição. A audição humana começa a receber freqüências e sons muito mais altos que os de costume. Isso acarreta uma dissonância, de modo que as pessoas não conseguem suportar por muito tempo ambientes onde há muita gente e se ouve grande quantidade de vozes e de sons, pois estão começando a ouvir tudo ao mesmo tempo. São capazes de ouvir até o som das folhas crescendo nas árvores.

Todos os sentidos se alteram. O paladar se aguça; como se um cego, de repente, visse a Luz e essa visão o ofuscasse. O olfato é afetado de maneira semelhante. Em alguns casos o efeito é tão forte que pode ocorrer um bloqueio dos sentidos. Quando um cego se põe a enxergar de repente, não consegue tolerar essa visão por grandes espaços de tempo; entre uma visão e outra, sente-se obrigado a fechar os olhos, ou passa a usar óculos escuros. Por isso, em alguns casos, pode ocorrer o repentino desaparecimento do olfato, ou do paladar, ou da visão, ou da audição. Na maioria dos casos, no entanto, isso será apenas temporário, ou seja, durará somente enquanto durar o ajustamento do corpo à nova freqüência.

Depois de elevado, o grau de freqüência não pode ser baixado outra vez. Não existem energias moribundas. Uma vez carregada, a bateria não se esvazia, não desaparece. A estimulação das energias, a essa altura, é permanente. Enfatizamos que a estimulação não é mera conseqüência da nossa intervenção neste mundo. É uma combinação dessa intervenção e da elevação do que já existe nele. Apenas atiçamos o fogo, que já existe e passa a arder com mais fulgor depois da ligeira agitação das brasas.

Nunca será demais enfatizar a importância da compreensão e da aceitação, por parte de cada pessoa, da nova energia que está sendo intensificada no próprio nível de ser dela. As pessoas não podem agarrar-se aos que vocês têm chamado de deuses, e tampouco apoiar-se neles. Existem energias superiores e inferiores no interior dos seres vivos. Alguns de vocês o compreendem, outros não. Isso não quer dizer, porém, que os que não compreendem, ou compreendem apenas um pouco, podem arrimar-se nos que compreendem. Claro está que podem proferir palavras de conforto, que podem fazer algo que tranqüilizem uns aos outros por compaixão e por amor. Mas não deve haver dependência, e os que aceitaram a energia superior não devem consentir nessa dependência, pois ela mascara mais uma vez a alma e impede o seu desenvolvimento, como também confunde a mente de maneira lastimável.

A nova estimulação e aumento da energia também afetam a freqüência magnética do corpo, o fluxo sangüíneo e as células, e isso traz força, queridos filhos. Já lhes dissemos que tempo virá em que não haverá mais dor nem doença. Quando a estimulação declinar e o corpo, a mente e a alma se puserem realmente a trabalhar em conjunto, as células, todo o estado físico do corpo, serão mais fortes. As células atuarão com maior eficiência, o sangue já não causará coágulos nem doenças do coração. As doenças ou males que houver serão mínimos em comparação com os níveis de hoje. A corrente sangüínea já está muito alterada, e assim como a mudança nos sentidos pode exauri-los ou "bloqueá-los", assim também as mudanças do nível físico serão, às vezes, "interrompidas" por serem poderosas demais. Para alguns, a mudança das células dentro do corpo significarão, infelizmente, novas moléstias do sangue, mas somente por algum tempo.

O Sol lhes dá Luz; na realidade, dá-lhes vida, mas se vocês ficassem debaixo do Sol quente do deserto, nem que fosse por um curto período de tempo, ele os mataria. O mesmo acontece com a energia que entra. É uma força, uma força vital, mas também pertence ao indivíduo. Voltamos a repetir que o desenvolvimento que se aproxima não tem relação alguma com a bondade nem com o bem de vocês. Tudo faz parte da grande mudança que se opera em todo o Universo. Mas, queridos filhos, porque vocês já elevaram o nível da própria energia, tudo pode ocorrer sem catástrofes, muito embora seja possível a ocorrência de algumas baixas. É por isso, queridos filhos, que damos ênfase sempre à importância de vocês reconhecerem essa "elevação" — e a capacidade que vocês têm de acompanhá-la.

Na virada do século, vocês se interessaram pela mente, pelo aspecto psicológico do homem. Essa foi a base da autoconsciência de vocês. Toda a nova perspectiva da humanidade permitiu ao indivíduo ver a si mesmo, iluminar-se pelo autoconhecimento — e agora a nova geração está consciente. A evolução continua sempre em marcha. Cada nova geração tem uma "chuva" nova, uma nova qualidade. Sempre existem alguns mais informados ou "mais elevados". E sempre existem os que ficam para trás. Mas em toda geração há oportunidade para o crescimento.

Vocês chegaram agora a um ponto em que as energias de vocês, fortalecidas de geração em geração, podem realmente alcançar um nível mais alto. A energia da mente, proveniente da bateria da alma, produz correntes elétricas na atmosfera. Ela, de fato, carrega a atmosfera.

Falamos muito a propósito do magnetismo e da emanação do ser humano, que provêm da alma, mas há também o porta-voz da alma: a mente, que emite seu próprio som e sua própria freqüência. Estes podem ser, ao mesmo tempo, perturbadores e tranqüilizantes, dependendo do nível de energia da pessoa. E tenham vocês a certeza de que todos, queridos filhos, percebem essas energias. As energias inferiores freqüentemente se afastam das superiores, pois não conseguem suportá-las. Tampouco suportam a perturbação da energia negativa na atmosfera exterior. Essas negatividades não estão apenas na atmosfera exterior, mas se insinuaram até o que vocês denominam "astral". Isso não deve continuar. Mas agora, com o sopro do vento da mudança, as negatividades estão se dissolvendo e vocês estão se livrando delas por conta própria. Vocês precisam aprender uma nova independência da alma e do espírito. Não há escuridão, só há Luz, queridos filhos, e vocês, que se expandem, saberão que isso é verdade.

Falamos com vocês como a energia consciente, viva e respirante que somos. Falamos através de outros seres no passado e por ser, naquele tempo, tão forte a necessidade humana de uma personalidade, ou de uma identidade, nós nos apresentávamos como uma identidade, ou atuávamos através de um espírito com uma identidade. Virá, todavia, para vocês, o fim da necessidade de falar com personalidades. Vocês deixarão, cada vez mais, de falar conosco por intermédio de terceiros. Falarão diretamente, sem intermediários. Lembrem-se de que somos parte de vocês e vocês são parte de nós. Queridos filhos, vocês podem falar diretamente com Deus, e nós lhes pedimos que olhem. Vocês não podem ver? Não podem abrir a mente para a realidade da energia que existe dentro de todas as coisas e que procede da mesma Fonte? Não percebem que vocês mesmos causaram danos entre as coisas vivas. Aliás, causaram danos a todos nós.

Entretanto, nós, da Fonte, permanecemos ilesos em razão da nossa energia mais elevada. Por conseguinte, não podem juntar-se a nós as almas que não tenham a mesma alta freqüência. Mas vocês vieram da Fonte e à Fonte retornarão um dia.

Se vocês dirigirem um pensamento negativo a seus irmãos e irmãs, estarão mandando esse pensamento de volta a vocês, porque vocês todos são um só. Os pensamentos são o porta-voz da alma. Se vocês fizerem mal a outra alma, estarão fazendo mal a si mesmos.

Contemplem o crescimento das flores. Regozijem-se e olhem para elas com a nova perspectiva das energias superiores. Observem-nas. Admirem-lhes as cores vivas e ouçam os sons que elas fazem quando se erguem do solo, expandindo-se e desabrochando, abrindo-se; e saibam, filhos queridos, que é isso o que está acontecendo a vocês também.

Vocês querem saber se nós viemos de outra dimensão, mas neste caso não se trata de dimensão no sentido que vocês dão à palavra. Deixem-nos dizer o seguinte: há sons que vocês não ouvem. Vocês sabem disso. Sabem que há criaturas sobre a Terra que percebem sons que os humanos não conseguem ouvir. Em termos simples, estamos numa freqüência diferente de vocês — mas agora vocês se abriram para ela. Trata-se mais de uma freqüência que de uma dimensão, e uma freqüência que, pelo menos até este momento, pouquíssimos de vocês podem perceber.

Vocês medem o mundo de vocês, e nós sabemos o que querem dizer quando se referem a níveis diferentes de consciência e de iluminação. Vocês têm razão, queridos filhos, mas isso é, ao mesmo tempo, mais simples e mais difícil de compreender. Falaremos da maneira mais simples. À proporção que o nível da alma das pessoas se expande, expande-se também o nível da consciência delas. Vocês podem, na verdade, falar desse progresso como degraus ou etapas, mas ficaria mais claro se falássemos de uma corrente, de um fluxo no qual existe um ponto em que as pétalas de uma nova consciência desabrocham. Este é um ponto de partida.

Existe um sem-número de níveis de desenvolvimento, e os ensinamentos esotéricos que vocês receberam os mencionam. Vocês podem dizer, com razão, que nós estamos no nível mais alto, mas não se prendam a comparações, pois isso os diminuirá. É melhor, queridos filhos, saber que a energia de vocês não pode ser destruída, que vocês estão sempre avançando e que, um dia, alcançarão a etapa em que a energia da alma de vocês será tamanha que será trazida de volta ao seu lar verdadeiro e original.

Falamos anteriormente do Pensamento Original, da Energia, da Pureza. É com essa energia que esta canalizadora está hoje em contato e que outros estão alcançando e alcançarão. Às vezes é mais fácil para nós falar de níveis, tais como vocês os compreendem; eles não são exatamente errados, mas cumpre-nos dizer que podem limitá-los. Vocês podem, contudo, velejar através deles, expandir-se e atingir a Luz mais alta, se primeiro souberem que são capazes disso.

A aceleração das energias permite que vocês galguem um degrau enorme na evolução, porque vocês são comparados aos anjos e são parecidos com eles. Imaginem, por um momento, a diferença de energia entre o que vocês são agora e o que era, por exemplo, o homem primitivo, o homem das cavernas. Não exageramos dizendo-lhes que vocês estão prestes a subir um degrau ainda maior. Isso lhes dará uma percepção totalmente nova da vida, do significado da vida, do crescimento da vida e da capacidade de se elevarem às maiores alturas em todos os níveis da existência.

Nós não estamos exagerando, queridos filhos. Isso é o que está acontecendo. Não há um propósito nisso, da maneira que vocês entendem um propósito. Isso é devido, em grande parte, a uma progressão natural, a um desenvolvimento natural, e também aos ventos que sopram. Vocês verão por si mesmos a nova realidade, a nova percepção que os ofuscará. Vocês estão quase chegando. Já explicamos por que não podemos falar em datas e em números exatos, mas podemos dizer que nos próximos anos (poucos) vocês verão dissipadas todas essas dúvidas.

Resplandeçam, queridos anjos da Luz. A experiência para a qual estão caminhando ultrapassa a atual compreensão de vocês. Essa é uma abertura da mente que não se realiza com drogas nem com estimulação física. É uma abertura da mente, não só da inteligência, mas também da percepção que transcende essa realidade.

•8•

Entendimento

Desejamos falar-lhes sobre a energia com a qual vocês estão em contato no íntimo de si mesmos. Nós já a havíamos descrito como "Pensamento Original". A vocês parece quase impossível compreender alguma coisa que não tenha começo nem fim e, em decorrência da idéia que fazem do nascimento e da morte, é muito difícil para nós descrever essa Energia. Nós mesmos somos energia pura, uma energia que sempre existiu, mas que evoluiu depois que parte da nossa energia foi liberada. Estendemo-nos um pouco mais sobre o que aconteceu à energia liberada, mas não falamos do que aconteceu a nós.

No tempo em que parte da energia foi liberada, ela era energia pura. Não podemos descrevê-la como consciência: era um simples estado de ser. Através da evolução contínua das energias da alma, por meio da encarnação e do subseqüente retorno à Fonte, o Pensamento Original mudou, fazendo com que a consciência se desenvolvesse dentro de nós. Usamos o termo "nós" porque não há somente uma unidade no nosso nível. Ela é uma unidade, porém feita de muitas partes. Poderíamos dizer que é como o oceano, feito de muitas gotas de água.

Assim sendo, o Pensamento Original progrediu. Não podemos dizer que se tornou mais forte ou mais poderoso — mas que houve um processo estimulador que se desenvolvia à medida que cada gota retornava à energia que vocês designam por alma. Quando retornam, as gotas de energia trazem consigo a experiência da Terra, ou de qualquer outro lugar de que tenham vindo.

Antes de parte da energia original ter sido liberada havia uma unidade de energia, uma corrente de energia, mas não se tratava da consciência. Achamos muito difícil expor tudo isso nos termos de vocês; talvez fosse mais fácil dizer que éramos Luz pura, puro pensamento. Ainda somos Luz pura, puro pensamento, mas enriquecidos pela consciência e pelas experiências que as muitas "gotas" da alma nos trouxeram de volta.

Vocês talvez queiram saber qual a causa da separação e da liberação originais. Pode parecer-lhes estranho discorrer sobre elas como se fossem um processo "natural", mas essa é a melhor maneira de descrevê-las. Não houve uma decisão com um plano ou com um objetivo. Era antes uma evolução natural ou inevitável do Pensamento Original.

A vastidão da energia à qual vocês estão ligados ainda lhes foge à compreensão. Vocês se quedam a imaginar onde está ela e como existe. Se nós lhes disséssemos que ela está toda ao redor de vocês, que ela existe em toda a parte, isso talvez lhes parecesse ainda mais difícil de aceitar. Vocês ouviram as pessoas falar em céu, mas o céu, queridos filhos, está todo ao redor de vocês. Estamos todos ao redor de vocês, estamos em toda a parte. Não estamos apenas no céu, não nos distanciamos muitos anos-Luz de vocês. Estamos aqui e, ao mesmo tempo, estamos muitos anos-Luz distantes de vocês.

Neste momento estamos muito próximos. Mais próximos, talvez, do que nunca. Isso, como temos tentado explicar-lhes, relaciona-se, em parte, com o magnetismo das energias que se intensificam no interior deste planeta, e relaciona-se, em parte, com esse vento que impele, que sopra. Vocês têm o céu na Terra: é o constante aspirar e expirar de energias, de atrações e de magnetismo.

Vocês agora compreendem o conceito de energias superiores que retornam, em seu devido curso, ao que vocês chamam da Fonte de Deus. O que talvez não lhes tenha ocorrido, queridos filhos, é que, através dessa linha de atração, nós nos aproximamos ainda mais de vocês. Não somos nebulosos e tampouco estamos distantes: estamos aqui. Sempre estivemos aqui. Não podemos dizer por quê — simplesmente estamos, em pureza e em Luz. Mas, queridos filhos, vocês nos enriqueceram, ajudaram a nossa própria evolução, o desenvolvimento da nossa consciência. Existem coisas no globo terrestre que vocês não vêem, não ouvem, nem provam, mas elas estão aqui. Nós estamos aqui.

Todas as coisas vivas emanaram do Pensamento Original. Se vocês tirarem uma só gota do oceano, a muitas e muitas milhas de distância do lugar em que estão, ainda assim diriam que essa gota era parte daquele oceano — e o mesmo acontece com vocês e com o Pensamento.

Coisas emocionantes lhes estão acontecendo agora. Observem, prestem atenção e tenham consciência delas. Existe um quase formigar de energia em torno de vocês e, se tivessem olhos para ver, veriam que, à volta desta canalizadora, há uma energia de Luz vibrando com um som imperceptível a vocês — uma claridade, um som de formigamento. Se forçássemos, de um jeito qualquer, nossa energia a passar através dela, ou de qualquer um de vocês, isso resultaria em morte. De modo que a nossa atração por vocês, neste momento, é como uma breve aguilhoada, um estímulo. Isso acontece a todo o mundo, num grau proporcional à energia de cada um. Este é um tempo "eletrizante".

Já lhes falamos a propósito das várias implicações da energia no interior do ser humano. Queremos estender-nos sobre isso. Tudo se relaciona com a atração das energias — o magnetismo entre a energia de cada pessoa e nós mesmos. Houve períodos curtos no tempo de vocês, em que fomos atraídos para um grupo ou para uma cultura particular da Terra, mas nunca estivemos tão próximos do planeta todo. Dentro de poucos anos, no entanto, dar-se-á uma retirada natural do nosso estímulo, quando a própria energia de vocês se tornar capaz de sustentar a si mesma. Romperemos o elo e nos afastaremos de vocês. Não obstante, em outro sentido, estaremos sempre ao lado de vocês enquanto vocês evoluírem e prosseguirem em sua jornada.

Vocês quiseram, por meio de imagens, identificar e esclarecer o nosso relacionamento. Quiseram analisá-lo em seçõezinhas bem distintas e colocá-las em caixas separadas. Mais do que tudo, quiseram dar um nome a tudo isso. Agora, precisam olhar para a força maior, para a energia maior, sem essas limitações. Há um movimento nesse sentido na mente humana; as moléculas, as células, estão sendo estimuladas.

A tarefa mais difícil para vocês agora é a renúncia às emoções, ainda que isso lhes soe um tanto quanto assustador. Vocês têm falado muito sobre o amor: "Morrer de amor, matar por amor." O amor, no seu sentido real, é pura energia e, no sentido mais verdadeiro, nós mesmos SOMOS amor — mas não temos emoções. Lembrem-se, queridos filhos, de que vocês podem ser como nós, podem ser fortes, e serão. Vocês estão ficando mais e mais fortes a cada minuto que passa.

Chegará para vocês um novo tipo de saber e uma espécie de percepção a todas as pessoas que vocês agora chamam de "médiuns". Através delas vocês se conhecerão uns aos outros diretamente — conhecerão as necessidades uns dos outros, a força uns dos outros — e quando a transição chegar ao fim, compreenderão uns aos outros como nunca se compreenderam antes. Não será preciso querer ajudar, ou sentir a necessidade de ajudar; vocês saberão quando e como fazê-lo. Esta é a era do saber.

Já falamos sobre uma percepção maior dos sentidos. Haverá também um maior grau de compreensão. Alguns de vocês serão altamente telepáticos. Isso se dará por intermédio das energias mentais de outra pessoa, energias que funcionam como uma espécie de código que penetra no cérebro de vocês feito Luz, feito pensamento e que aí é decodificado. De tal sorte que vocês pensarão os pensamentos uns dos outros. Isso significa que terão cada vez menos necessidade de falar e, por derradeiro, tempo virá em que não falarão mais. Quando um instrumento perde a utilidade, desintegra-se.

Alguns de vocês já apresentam esse tipo avançado de telepatia, no entanto vocês não o percebem como tal. Vocês apenas sentem a energia, sem que o cérebro seja "ativado". Vocês ainda não alcançaram o ponto em que o cérebro é capaz de decodificar essas mensagens e, por isso, elas continuam desordenadas. Alguns de vocês têm sofrido fortes dores de cabeça em virtude desse fato. Não se trata simplesmente da força do magnetismo entre vocês e a energia maior; trata-se de algo que também está relacionado com a troca de mensagens entre as pessoas. Vocês podem pensar nas energias mentais como veículos de qualidade inferior, enquanto o cérebro é como uma estação onde outros pensamentos vêm aportar. A capacidade de "ouvir" mentalmente o pensamento das outras pessoas é decorrência de um nível de energia mais elevado.

Queridos filhos, há sempre uma interação entre vocês. Sempre houve. É a interação entre um nível de energia e outro. Alguns já compreenderam a interação do nível inferior de energia, da simpatia. Agora estamos falando de uma interação mais elevada — a interação da mente. Mas, como acontece com tudo o que é novo, vocês precisam acostumar-se a ela. Não tentem restringir o processo. Se tentarem condensá-lo, infligirão a si mesmos um sofrimento desnecessário. Em vez disso, para aceitar essas mudanças, procurem demonstrar sempre uma disposição totalmente isenta de medo, de modo que possam abrir-se prontamente à nova energia — e, logo, terão aberto o canal da freqüência correta.

Sempre houve muitos ideais no mundo de vocês, muitos atos heróicos foram praticados e muitas palavras foram pronunciadas em nome desses ideais e em nome do amor. Agora vocês têm os meios, queridos filhos, de fazer com que esses ideais se tornem realidade, embora não o façam por efeito de um desejo, senão da força e do novo "instrumento" que é a mente.

Vocês talvez se perguntem por que tudo isso está ocorrendo de forma tão rápida e quase tão drástica. Cada fase diferente da evolução foi e será igualmente drástica, à sua maneira e a seu tempo, para aquele que passa por ela. Pensem na diferença que existe entre o homem inferior, primitivo, e o homem compassivo. Vocês dirão com certeza que esse foi um grande salto, e um grande salto é o que ocorre agora, talvez maior do que aquele.

Vejam bem, depois que tiverem despido a alma do manto pesado do medo, do pensamento negativo, do ódio e dos maus desejos, ela se expandirá num ritmo rápido, de modo que possa dar esse salto gigantesco, que se relaciona tanto com a mente quanto com o que mais o faça. Imaginem por um momento, queridos filhos, o quanto a negatividade fechou-lhes a mente. Imaginem, agora que a "cortina" da negatividade está se abrindo, a diferença que faz a Luz entrando aos borbotões, e o modo com que, através disso, a alma pode fundir-se agora, de fato, à energia maior, ao Pensamento Original.

Nós nos referimos a nós mesmos como parte do Pensamento Original porque sempre existimos e por sermos uma energia que vocês podem compreender como pensamento. No entanto, poderíamos ter-lhe chamado, com a mesma facilidade e a mesma correção, Luz Original ou Amor Original.

O número de mudanças que ocorrerão em virtude da abertura das energias da mente está, na verdade, além da capacidade de acreditar de vocês. Um acontecimento de tal vulto pode ocorrer neste tempo devido, em parte, à força do corpo humano. No decurso de muitas gerações vocês desenvolveram imunidades e forças contra doenças e males em geral, e acumularam um grande conhecimento do que lhes mantém o corpo vigoroso. Se uma ocorrência como a presente tivesse acontecido ao homem primitivo, tê-lo-ia indubitavelmente destruído. Claro está que ela não teria sido apropriada naquela ocasião, pois as energias físicas do homem eram relativamente baixas.

Já tivemos ocasião de referir-nos à unicidade do ser humano, e voltamos a enfatizar, queridos filhos, que experiência maravilhosa é a vida para vocês. Estamos a par disso porque, em todo o correr da evolução, quando uma alma regressa e junta-se a nós no oceano da Fonte, traz-nos a compreensão da experiência do corpo. Verifica-se agora uma mudança nas células do corpo e um fortalecimento da energia que envolve o corpo e revigora ossos e músculos. Em alguns, a estrutura celular "explodirá" e eles contrairão doenças nos ossos.

Vocês talvez perguntem a si mesmos o que acontece aos que não podem elevar-se e abrir-se para a energia maior. Pelo fato de estar agora em todo o derredor de vocês, essa energia afetará até os de energia inferior; mas se o medo destes for tão grande que lhes produza distúrbios físicos, ficarão doentes e poderão até morrer. Não se trata de punição, mas é uma pena. Não falamos de pena como emoção, mas como decepção. Mesmo assim, nada pode ser feito.

Mais uma vez, entretanto, vocês todos têm uma oportunidade muito real de deixar que se produza essa grande metamorfose, e por isso lhes falamos tanto sobre o medo e sobre a energia negativa. Só depois que estes se forem poderá ocorrer a metamorfose.

Não há nada que se possa dizer para fazer com que algumas pessoas de energia inferior se desvencilhem do manto do medo. Não podemos adiantar quantas são, pois, como dissemos, todas terão uma oportunidade. Entretanto, queridos filhos, virá um tempo em que a oportunidade dessas pessoas estará perdida e terão de partir do mundo que vocês habitam, uma vez que a nova geração terá uma energia de alma mais elevada. Dar-se-á, dessa maneira, mais uma vez, a eliminação do velho para a chegada do novo.

Falamos de nós mesmos como seres desprovidos de emoção, mas nós, na verdade, apreciamos vocês. Amamos a felicidade, a coragem, a força de espírito de vocês. Amamos a música, a criatividade do ser humano. Temos uma espécie de sentimento com relação a vocês — é-nos difícil descrevê-lo —, um sentimento sem emoção. Talvez seja melhor chamar-lhe percepção.

Sabemos que o que acabamos de dizer toca um ponto claro e profundo do coração de vocês. Sim, queridos filhos, há ali uma pureza de Luz. Poderíamos quase dizer-lhes que lhes invejamos esse sentimento de liberação, e está claro que não se trata de inveja, mas nós compreendemos. Se sentirem que isso é o que vocês têm conhecido bem no fundo, durante toda a vida, é porque é verdade — para vocês e para os outros como vocês. Por isso também usamos a palavra "despertar" — para designar o que vocês já sabiam em sua origem. É como acordar de um sono profundo, levantar-se no meio da Luz e ver o Sol num dia brilhante.

Podemos confortá-los, podemos colocar nossos braços em volta de vocês — os braços da compreensão e da verdade. E lhes diremos mais uma vez: vocês estão livres. Vocês são Luz. Vocês são amor.

• 9 •

Compreensão

Alguns de vocês estão a par das informações que nós lhes demos e sentem que elas são verdadeiras. Sendo assim, têm a compreensão real do que acontece. E alguns chegaram a um ponto sem volta. As energias da transição têm estado ativas por longo período de tempo mas, assim como o solo fertilíssimo ainda precisa da semente plantada, da água borrifada sobre ela para provocar-lhe a germinação, e do Sol para brilhar sobre o seu desenvolvimento, por si sós as palavras nada podem fazer. É toda uma experiência de energias carregadas neste tempo que lhes dará o progresso inerente à transição. Nossas palavras, contudo, poderão ajudá-los a reconhecer as circunstâncias.

Depois do período em que cada pessoa desperta e floresce qual uma flor, o poder e a força predominantes serão muito diferentes do que eram antes. O corpo precisará de tempo para se acostumar a isso e será, muito provavelmente, a última coisa a se ajustar, mas quando houver uma sincronização das energias da mente, do corpo e do espírito, vocês terão força e poder provavelmente superiores aos seus sonhos mais ousados.

Alguns de vocês já estão conscientes de que isso significa responsabilidade. Responsabilidade em primeiro lugar e acima de tudo para com vocês mesmos; esta deve ser sempre a primeira consideração de cada pessoa. Nunca assumam a responsabilidade por outrem antes de assumi-la por vocês, e isso inclui até os mais fracos, os muito pequenos e frágeis. Alguns acharão nossas palavras difíceis de aceitar, mas nem por isso devem deixar de segui-las. Se as aceitarem e levarem a cabo, as vibrações de vocês serão tão diferentes que vocês só atrairão para si os que *podem* ser alertados, aconselhados e para os quais vocês podem mostrar o caminho.

Vocês se perguntam se devem procurar ensinar às pessoas o que vocês compreendem. Dir-lhes-emos que não podem ensinar; só podem estar presentes para dar conselhos moderados e incentivar um pouco, mas não para forçar. Dessa maneira, as pessoas que vocês atraírem vê-los-ão intuitivamente como aqueles que compreendem, e estabelecerão contato com vocês, às vezes da maneira mais extraordinária, nem que tenham de atravessar continentes inteiros ou o próprio planeta. Muito freqüentemente, aqueles que precisam de ajuda serão atraídos por alguém como vocês, que estão na vizinhança deles mas, às vezes, a energia os fará percorrer grandes distâncias, e vocês os ouvirão dizer: "Precisei andar mais de mil milhas para encontrá-lo."

Toda a estrutura do ser humano será diferente e, em alguns, aliás, já é. Tudo — o que apreciam, o que desejam, o de que precisam, até o que sentem — é tão diferente. Tem havido confusão pelo fato de algumas pessoas pensarem que suas almas foram trocadas por outras; na realidade, porém, vocês não são pessoas desiguais. Acontece apenas que, sendo diversa a energia de vocês, a vibração de cada pessoa passa a ser muito diferente, e vocês sentem isso. Alguns descobrirão que fazem coisas inusitadas. Vocês podem querer sair andando por aí no meio da noite; podem chegar à conclusão de que acordaram com uma vontade irreprimível de comer determinada espécie de alimento; podem descobrir que precisam usar determinada cor que nunca usam. Continuem fazendo todas essas coisas, queridos filhos. Não resistam, porque nenhuma das suas necessidades e nenhum dos seus desejos agora podem ser considerados errados para vocês. Não podem ser errados, porque nada pode ser errado depois que vocês passam pela transição.

A única dificuldade, queridos filhos, vocês encontrarão nas pessoas de energia inferior, que prosseguem, complacentes, na sua vidinha de todos os dias, e verão que elas se afastam de vocês; não porque, de um momento para outro, tenham deixado de apreciá-los e se sentem mal na companhia de vocês (se bem que isso possa acontecer com alguns), mas se afastam sem saber por quê. Terão simplesmente esse impulso correndo-lhes pelo corpo. Somente os que se desenvolveram além desse ponto serão capazes de compreendê-lo.

Nós lhes dizemos essas coisas agora para confortá-los na compreensão da verdade. Não apenas para os que iniciam o período de transição, mas também para os que já vão adiantados nesse caminho. Não se trata de alguma coisa que se possa imaginar facilmente e, mais uma vez, somente os que a experimentaram podem entendê-la. Muitos de vocês também podem entendê-la e a entendem. Gostaríamos que fossem todos, mas, na realidade, reconhecemos que isso não é possível.

Pintamos para vocês a imagem de uma nuvem de Luz, tão leve que flutua acima da atmosfera. Vocês, queridos filhos, que passam por essa experiência, são parecidos com a nuvem de Luz, ao passo que os dotados de energia inferior são uma nuvem escura, densa e pesada. Tornamos a enfatizar que isso não representa o bem e o mal, queridos filhos. Alguns de vocês que lograram êxito nessa fase importantíssima terão praticado coisas muito negativas no passado; coisas até que vocês mesmos chamam de más. Isso não tem importância. Grande número de vocês terá passado por experiências pesadas, ou até mesmo perpetrado as ditas experiências, na vida cotidiana — tragédias, desastres, terrores. Toda experiência é uma oportunidade que se oferece de sacudir e de expelir o medo e a negatividade e, por esse motivo, a grande maioria de pessoas como vocês teve esse tipo de experiência na vida.

Nessas condições, haverá alguns merecedores: "Bem, praticaram algum mal no passado, mas já deixaram de fazer isso." Não julguem, queridos filhos. Essa transição não tem relação alguma com o bem nem com o mal, apenas com o fato de que toda a negatividade precisa ser deixada para trás.

Já tivemos ocasião de dizer-lhes e, sem dúvida, isso ainda lhes parecerá estranho, que haverá um tempo em que o positivo e o negativo deixarão de existir, ou melhor ainda, um tempo em que tudo será positivo. Haverá apenas Luz. Há o tempo de se equilibrar e há o tempo de avançar. Vocês não estão saindo da realidade mas entrando nela e, conquanto falemos de uma realidade diferente, isso não quer dizer que seja falsa ou que se trate de uma ilusão. A realidade de vocês sobre a Terra, ou o equilíbrio entre o dia e a noite, entre a Luz e a escuridão, desaparecerá porque, em conseqüência da transição, essas diferenças serão removidas.

Voltamos a falar de responsabilidade; do manto de responsabilidade posto definitivamente sobre os ombros de quem a experimenta. Temos tido um cuidado muito grande de não lhes fornecer o nome das pessoas e de não lhes falar em demasia de níveis ou de deuses, porque essas coisas viriam a ser restrições para vocês. Só diremos, queridos filhos, que, depois deste tempo, muito certamente, vocês mesmos serão como deuses, e saberão compreendê-lo.

Talvez alguns de vocês possam começar a ver por que motivo agora não é necessário haver hierarquia alguma e por que, embora haja alguma espécie de líderes por motivos práticos, todos se unirão num conhecimento íntimo direto do que precisa ser feito, e isso se aplicará à totalidade das pessoas deste planeta. Haverá um "saber" global. Agora vocês talvez possam compreender por que não haverá mais guerras. Não haverá necessidade delas. Já tentamos comunicar-lhes a idéia que farão do saber — a norma será a compreensão das verdadeiras necessidades uns dos outros. Pode ser que essas palavras sejam como chuva que cai sobre as plantas para ajudá-las a crescer.

Agora, queridos filhos, vocês precisam olhar — olhar, ver e compreender, se puderem, tudo o que está ao redor de vocês. A melhor maneira de compreender a grande mudança talvez seja olhar para as crianças. Elas estão crescendo em solo diferente; isso já foi observado por muitos. Está nascendo um tipo diferente de criança, e há, e haverá, um índice de mortalidade infantil maior que o de costume, talvez por ocasião do nascimento ou alguns meses depois, enquanto elas procuram se ajustar; algumas definharão e "cairão fora".

Essas palavras não dizem respeito às pessoas de baixa energia. Elas não as alcançarão, de modo que a informação tem sido dada, em grande parte, aos dotados, pelo menos, de alguma compreensão. Não podemos ensiná-los. Não podemos escrever num quadro-negro um alfabeto da verdade. Isso está apenas dentro de vocês. Lembrem-se, todo conhecimento está dentro de vocês.

A jornada da alma tem sido longa. Tem havido muito sofrimento, muita tragédia, muita desilusão. Afinal, as almas de vocês estão emergindo da escuridão para a Luz. Não há como retroceder. Nenhum de vocês precisa temer que possam voltar o relógio para trás novamente. Já ocorreu um excesso de mudanças de energia. E essa energia transformada só pode continuar a expandir-se e a mudar-se em Luz.

Ao nos dirigirmos a vocês empregamos sempre palavras que possam compreender. Em algumas ocasiões elas foram simplificadas ao máximo; em outras, foram usadas analogias. Mas isso é tudo o que podemos fazer (e temos feito tudo o que podemos) para trazer à tona a verdade que vocês anseiam há tanto tempo.

Precisamos falar agora dos aspectos emocionais dessa mudança. Para os que recebem a nova energia como súbita explosão de Luz, isso será assaz desconcertante. A princípio, até certo ponto, as emoções serão intensificadas, mas a energia que se aproxima não trabalha com emoções. Não lhes pedimos que as lancem de si, senão que olhem sobretudo para a negatividade e para o medo. Estamos tentando dizer isso com delicadeza, mas o que vocês precisam compreender é que as emoções de vocês, na quase totalidade, não são compassivas, nem afetuosas, como diriam vocês, mas puramente de medo ou de negatividade. A emoção é uma espécie de negatividade.

Entretanto, é também uma moeda de dois lados, pois alguns de vocês podem se elevar até certa altura intensificando a emoção. Usadas com sensibilidade, as emoções podem servir de trampolim para vocês. Não lhes será possível levá-las por todo o trajeto; e haverá um ponto em que vocês terão de deixá-las para trás como um veículo que já não funciona. Não exigimos nada disso de vocês e tampouco rogamos que o façam. Falamos apenas a verdade e em prol da iluminação, e cada alma, cada pessoa, tem liberdade de aproveitar o ensejo que se lhe oferece — ou ir-se embora. Não haverá castigo nem julgamento para os que não avançarem. Se pudéssemos descrever a nós mesmos como emoção, só poderíamos dizer que somos amor, e que sempre amamos — a todos vocês.

Alguns de vocês começam a compreender agora o amor sem emoção, mas para os que ainda não chegaram a esse ponto, pedimos que analisem as próprias emoções e descubram o que elas realmente são; e, queridos filhos, sejam honestos consigo mesmos. Não escondam dentro de vocês a negatividade do desejo nem do medo. Olhem! Algumas emoções se desenvolvem dentro de vocês quase geneticamente. Aludimos àquelas a que vocês chamariam instinto: o costumeiro amor imediato entre mãe e filho, por exemplo. Esse não morrerá. Não tenham medo de que sejam, de algum modo, excluídos do amor.

Queremos derrubar todas as defesas, barreiras e estruturas que vocês construíram, não por amor à destruição mas porque, derrubando-as, vocês serão capazes de ver mais longe, de ver de todos os lados. Mas o que sabemos estar certo não tem nenhuma importância por si só porque a corrente geral de energia, de qualquer forma, se expande e acelera mesmo agora por conta própria.

Alguns de vocês acham que deviam tentar salvar o mundo. Queridos filhos, não lhes compete salvar o mundo. Mas é claro que podem, pelos seus próprios faróis de Luz, ser raios dourados no mundo. Isso não requer de vocês que pensem, nem que se quedem sentados em prolongadas meditações para projetar a Luz, embora possam fazer isso se quiserem e não estarão perdendo tempo. Mais uma vez lhes dizemos que vocês não têm responsabilidade mais importante do que a própria responsabilidade para com vocês mesmos. Vocês podem fazer a mesmíssima coisa pelo simples fato de ser. Sejam, queridos filhos, *sejam*! Nós os vemos neste momento como faróis de Luz, de uma Luz dourada que brilha, cintilante, em toda a sua volta. Basta-lhes saber que é isso o que são e serão os salvadores do mundo.

Alguns de vocês têm se mostrado muito preocupados com o planeta, com a Terra, com as árvores e com as criaturas que vivem no planeta. As coisas estão mudando depressa. Às vezes, somente por intermédio da destruição se aprendem sobre a futilidade e sobre a insipidez disso. Rezem, queridos filhos, de qualquer maneira, por este planeta, mas o que acontece está acontecendo acertadamente, incluindo a destruição.

Nc curso dos últimos cem anos vocês tiveram no globo terrestre enormes sublevações, tremenda destruição, fome e guerras em escala nunca vista antes. Todas essas coisas foram uma quebra do velho para a entrada do novo, e todas foram oportunidades para a Luz do homem transcender a escuridão. É a Luz em vocês que os torna salvadores — a Luz dourada que emana de vocês em decorrência da verdade interior de cada ser humano.

• 10 •

A Chegada

Acercamo-nos de vocês com alegria e com amor. Tentamos transmitir-lhes informações no intuito de erguer um sólido fundamento para o crescimento individual, fator-chave neste importante período de transição.

Neste momento muitos de vocês devem estar passando por mudanças na vida, se já não passaram, e estão prontos para estabelecer relação com o que dizemos. Todo o assunto, a própria qualidade de ser, é vastíssimo, queridos filhos, e, no entanto, podemos assegurar-lhes que é muito simples.

Tentamos apresentar estas informações de modo claro e sucinto. Compreendemos que cada canalizador, cada pessoa, imprime nas palavras uma qualidade que lhe é peculiar pois, como já descrevemos antes, a canalização é uma síntese e toda verdade transmitida trará em si mesma a impressão da pessoa que a recebe. Grande número de pessoas nesta época é capaz de estabelecer contato com a verdade superior através da canalização, não para serem professores do mundo, mas sobretudo para serem professores de si mesmos.

Nós desejamos falar um pouquinho sobre os princípios masculino e feminino. A maioria de vocês compreende que, dentro de cada pessoa, não existe apenas macho ou fêmea — existem ambos, genética e fisicamente. Depois de a alma haver sido despida do manto da negatividade, depois de a energia do espírito se elevar no interior do ser humano, este assume a consciência de muitos processos de aprendizagem. Às vezes, ele é subitamente bombardeado por um raio cintilante de verdade; outras vezes, o processo é mais sutil. Depende da pessoa. Sobrevém o ponto em que a energia do sexo da pessoa há de ser examinada. Se for homem, tem de dar atenção aos seus princípios masculinos: sua agressividade, por exemplo, sua natureza dominadora, seu poder. Se for mulher, cumpre-lhe atentar para os princípios da feminilidade: submissão, inspiração e compaixão. A seguir, queridos filhos, como em todas as coisas, eles precisam absorver o oposto do sexo inato, quando se verificará uma fusão dentro de cada uma das duas forças, macho e fêmea, positivo e negativo. Quando se registra a transformação, a pessoa se alça acima do princípio físico da sexualidade e logra um equilíbrio e uma integralidade dentro de si mesma, seja homem, seja mulher.

Essa fusão de princípios, masculino e feminino, positivo e negativo, já começou. Quando as pessoas se elevam acima dela tornam-se realmente capazes de se ligar ao seu deus interior e ao seu deus exterior. A fusão estará se processando até num sentido físico nessa ocasião. Em sua maioria, vocês compreendem que o mundo funciona com base na interação dos princípios positivo e negativo. Colocando o assunto de maneira mais simples, podemos dizer que, mercê de uma poderosa compreensão desses princípios, muitos de vocês se elevarão acima disso.

Alguns de vocês se sentiram como se estivessem subindo um morro numa complicada bicicleta. O pico da transição é como o topo do morro. Não podemos dizer que, tendo-o alcançado, a pessoa se sentirá totalmente livre de todos os sentimentos mundanos; mas haverá, sem dúvida, uma libertação e uma liberação. Queridos filhos, este é um momento importantíssimo para vocês, pois, no ano passado, foram poucas as pessoas que levaram a efeito a transição. Ora, queridos filhos, muitas almas deixarão cair a cortina escura dos seus medos e dúvidas e deixarão que a pureza da sua Luz interior voe muito alto e junte-se à Fonte de Deus e à Verdade.

Não se preocupem com os que não podem ver tudo isso. Já tivemos oportunidade de dizer que haverá uma diferença acentuada no meio de vocês, entre os que empreendem a transição e os que não se sentem inclinados a ela. Lembrem-se de que a evolução é um processo sem fim para todos. Esperamos agora que vocês vejam e compreendam.

Não lhes falamos em desastres nem em destruição física. Vocês, a princípio, se aproximaram de nós com a intenção de conhecer essas coisas; na verdade, queridos filhos, sobrevirá, como dissemos, uma derrocada, um colapso de regimes e uma desintegração física por todo o globo terrestre. Não se esqueçam de que nenhuma energia de nenhuma alma é jamais desperdiçada. Nossas palavras não são de destruição, mas de esperança e de alegria.

Gostaríamos de descrever a situação por meio de uma metáfora. Imaginem vocês uma Luz comum numa sala comum. Sobre a Luz um manto escuro. As pessoas tiveram de tatear e de andar às apalpadelas em toda a volta da sala escura, tropeçando, sem Luz para guiá-las, enquanto procuravam a porta de saída e não atinavam com ela. Elas fixaram o olhar em todas as partes, menos em si mesmas. Pisaram em falso, agarraram-se às paredes e tatearam em toda a sua volta. Depois, à míngua de recursos, deixaram-se cair numa pilha, umas sobre as outras, desesperadas e sem esperança. Finalmente, porém, através da aceitação de si mesmas, através da compreensão íntima de si mesmas, que principiou a manifestar-se enquanto continuavam amontoadas na sala escura, descobriram como é simples a resposta: bastava-lhes, simplesmente, estender a mão, levantar a ponta do manto (que é a própria escuridão) para que, imediatamente, surgisse a Luz. Queridos filhos, a Luz sempre esteve lá para vocês, mas vocês não a viram.

O período de transição neste planeta não é, como já dissemos, algo completamente novo, mas a sua escala é, e isso é realmente maravilhoso. Não se trata apenas do crescimento pessoal; há também o vento cósmico que sopra. Mas vocês não precisam se preocupar com o vento cósmico. Preocupem-se tão-somente com vocês mesmos e olhem só para vocês, pois aí se encontra a verdade e sempre se encontrou. Se fizerem isso, verão uma infinidade de lâmpadas aparecer ao redor da Terra e começarão a ver através de novos olhos numa Luz perfeita. Imaginem, queridos filhos, que vocês são agora capazes de ver e de compreender essa mudança, esse tempo de transição que, em realidade, é um tempo de iluminação.

Pensem nos bichos-da-seda tecendo os fios de seda nos seus casulos. Pensem nas crisálidas dentro deles, escuras, mas crescendo. E depois pensem no casulo rompido e no vôo subseqüente que se verifica. Vocês podem compreender a analogia.

Não existem exercícios especiais que possam fazer, muito embora lhes tenhamos comunicado uma ou duas idéias. Nada há que possam fazer. Nenhum Messias que devam seguir. Só existem vocês e a Luz de vocês. Esperamos que tenham compreendido nossas palavras.

Nossa ligação com vocês não se desfaz agora. Houve de nossa parte, ao mesmo tempo, o desejo de conhecer a verdade e o desejo de aliarmo-nos à verdade de vocês para chegarmos à verdade mais elevada e, embora nossos diálogos estejam chegando a um termo agora, saibam que o elo entre nós subsiste sempre e emergirá todas as vezes que vocês nos enviarem os seus pensamentos, pois a Luz de vocês e a nossa Luz podem estar, e estão, juntas. Não se preocupem com a idéia de que vocês talvez possam "não ter entendido direito". Não podemos dizer-lhes que tudo o que fizerem será perfeito. Mas enquanto se abrirem para a verdade, a verdade estará a postos para vocês.

E dizemos isso a todos. Saibam que vocês são corpos

de Luz. Conheçam as próprias forças porque as fraquezas de vocês desaparecerão. Confiem na própria Luz e deixem-se guiar por ela; aceitem a responsabilidade por si mesmos. Vocês estão sós, mas são uma coisa só com Deus. E sobretudo, queridos filhos, aceitem... *Aceitem o destino de vocês.*

EM SINTONIA COM A LUZ

Canalizado por *Julie Soskin*

"Nunca se esqueça de que estamos todos juntos nesta aventura...
a aventura cósmica da sabedoria e da verdade."

Em Sintonia com a Luz é a seqüência que tanto esperávamos das obras *O Vento da Mudança* e *A Dança Cósmica*, que formam a trilogia canalizada por Julie Soskin. Este terceiro livro traz preciosas mensagens que nos ajudam a entender as energias que estão afetando o nosso planeta agora. Ele explica como podemos lidar com essas energias para ampliar nossa consciência e "entrar em sintonia com a Luz".

"O material canalizado por Julie corresponde à verdade. Seus livros estão ajudando a humanidade a entender e a enfrentar essas grandes mudanças de modo muito positivo e construtivo, numa época em que é tão importante entrar em sintonia com a Luz!"

Eileen Caddy

"A época em que vivemos precisa muito dessas informações. Estão ocorrendo mudanças extraordinárias no planeta, e este livro explica como podemos contribuir trabalhando com a luz, despertando assim para a verdadeira realidade do nosso ser, apreensivo com os novos rumos que estão sendo traçados para a humanidade."

Marie Louise Lacy

Em Sintonia com a Luz é reproduzido da forma como foi transmitido, preservando o significado exato da canalização original.

EDITORA PENSAMENTO

TEMPOS DE TRANSFORMAÇÃO

Uma Visão Panorâmica

Canalizado por *Julie Soskin*

Estamos testemunhando uma gigantesca metamorfose que está provocando a criação de uma nova espécie sobre a Terra: a humanidade está sendo recriada!

Não se trata de algo que será criado no futuro, que nascerá numa época remota. Isso está acontecendo neste exato momento, dentro de cada um de nós. Essa metamorfose está se acelerando à medida que a mudança nas freqüências de energia que chegam ao planeta atingem o corpo físico.

O desenvolvimento desse novo ser se realizará por meio do corpo etérico. A alma está sendo ativada e vai preponderar sobre o intelecto; vamos despertar para o conhecimento interior e poderemos ligar-nos intuitivamente aos estados de consciência superior e obter informações que antes não estavam ao alcance de todos. À medida que o chakra da coroa se transforma, vamos nos tornando seres multidimensionais. O ser humano terá uma aparência semelhante à atual, mas não será absolutamente o mesmo.

Este livro — a quarta obra canalizada por Julie Soskin — revela esse passo gigantesco na evolução humana. Ele fala também das mudanças que estão afetando a humanidade em todos os níveis — física, mental, emocional e espiritualmente — esclarecendo as mudanças que ocorrem na nossa cadeia alimentar e a maneira pela qual podemos nos adaptar a isso; discorre ainda sobre o motivo pelo qual as guerras são necessárias e que papel desempenham no plano evolutivo do planeta; aponta o modo como duas energias aparentemente tão contraditórias, como espírito e matéria, estão se interligando e por que precisamos integrar de imediato ambas essas forças na nossa vida.

Julie Soskin é uma luz radiante no campo da expansão psíquica. É autora da trilogia formada pelos *best-sellers O Vento da Mudança*, *A Dança Cósmica* e *Em Sintonia com a Luz*, publicados pela Editora Pensamento. A autora viaja pelo mundo todo fazendo palestras e dirigindo trabalhos em grupo sobre desenvolvimento psíquico e espiritual.

EDITORA PENSAMENTO

A DANÇA CÓSMICA

Canalizado por *Julie Soskin*

"Comecem agora a se ver como seres de luz, pois esse é o nosso destino, e é em luz que nos transformaremos."

A Dança Cósmica é a continuação que tanto esperávamos da obra *O Vento da Mudança*, considerada como um dos mais importantes trabalhos de canalização publicados nos últimos anos. Neste novo livro, Julie Soskin lança nova luz sobre a natureza das energias planetárias e pessoais, que se modifica rapidamente à medida que a humanidade enfrenta os enormes desafios do Século XXI.

"Julie fez algo de extraordinário ao nos presentear com este livro. Ele é como um toque de clarim que nos desperta para a atividade espiritual à medida que nos aproximamos do novo milênio... Convido você a ler esta obra o quanto antes."

Sir GeorgeTrevelyan

"Que este livro, *A Dança Cósmica*, possa se espalhar pelo mundo, levando esperança e consolo para muitas pessoas. A humanidade precisa dele!"

Eileen Caddy

EDITORA PENSAMENTO

Outras obras de interesse:

O NOVO PARADIGMA NOS NEGÓCIOS
Michael Ray e *Alan Rinzler* (orgs.)

FAÇA O QUE DIZ... E Consiga os Resultados que Você Quer
Eric L. Harvey e *Alexander D. Lucia*

A ESTRATÉGIA DO GOLFINHO - A Conquista de Vitórias num Mundo Caótico
Dudley Lynch e *Paul L. Kordis*

GERENCIAMENTO ECOLÓGICO - Guia do Instituto Elmwood de Auditoria Ecológica e Negócios Sustentáveis
Ernest Callenbach e outros

NOVAS TRADIÇÕES NOS NEGÓCIOS
John Renesch (org.)

O REENCONTRO DA CRIANÇA INTERIOR
Jeremiah Abrams (org.)

PARA ONDE CAMINHA O LÍDER - Uma Nova Visão de Liderança
Walter de Souza e *Maria R. S. Villares*

O PARADOXO DO SUCESSO - Um livro de renovação para líderes
John R. O'Neill

A SABEDORIA NECESSÁRIA - Como Enfrentar o Desafio de uma Nova Maturidade Cultural
Charles M. Johnston

O VERDADEIRO SUCESSO - Uma Nova Compreensão de Excelência e Eficácia
Tom Morris

O HOMEM NA SUA PLENITUDE - Como é ser um homem nos dias de hoje
Sam Keen

ESPELHOS DO SELF - As Imagens Arquetípicas que Moldam a sua Vida
Christine Downing (org.)